Korte Verhalen in het Hongaars

Korte verhalen in Hongaars voor beginners en gevorderden

Bence Kovács

Inhoud

Inleiding

Lezen in een vreemde taal is een van de meest effectieve manieren om uw taalvaardigheid te verbeteren en uw woordenschat uit te breiden. Toch kan het soms moeilijk zijn om boeiend leesmateriaal op een geschikt niveau te vinden dat een gevoel van prestatie en vooruitgang geeft. De meeste boeken en artikelen die voor moedertaalsprekers zijn geschreven, kunnen te lang zijn en moeilijk te begrijpen, of kunnen een woordenschat op zeer hoog niveau hebben, zodat u zich overweldigd voelt en het opgeeft. Als deze problemen bekend klinken, dan is dit boek iets voor jou!

Korte Verhalen in het Hongaars is een verzameling van 25 onconventionele en onderhoudende korte verhalen die zijn ontworpen om beginnende tot gemiddeld niveau Hongaars lerenden te helpen hun taalvaardigheden te verbeteren.

Deze korte verhalen creëren een ondersteunende leesomgeving door het opnemen van:

- Rijke taalkundige inhoud in verschillende genres om u te vermaken en u bloot te stellen aan een verscheidenheid van woordvormen.
- Kortere verhalen in hoofdstukken om u de voldoening te geven verhalen af te maken en snel vooruitgang te boeken.
- Teksten die op uw niveau geschreven zijn, zodat ze gemakkelijker te begrijpen zijn en niet overweldigend.
- Nederlandse vertaling op wisselende pagina's, zodat u er regel voor regel direct naar kunt verwijzen terwijl u het Hongaars verhaal leest.
- De belangrijkste woordenschat staat vetgedrukt in

het hele verhaal en de vertaling, zodat u onbekende woorden gemakkelijker kunt begrijpen.

- Begrijpelijke vragen om uw begrip van belangrijke gebeurtenissen te testen en om u aan te moedigen meer in detail te lezen.

Dus of u nu uw woordenschat wilt uitbreiden, uw begrip wilt verbeteren of gewoon voor uw plezier wilt lezen, dit boek is de grootste stap voorwaarts die u dit jaar in uw studie zult maken. Korte Verhalen in het Hongaars geeft u alle steun die u nodig hebt, dus leun achterover, ontspan, en laat uw fantasie de vrije loop terwijl u wordt meegevoerd naar een magische wereld van avontuur, mysterie en intrige - in het Hongaars!

Hoe dit boek te gebruiken

Lezen is een moeilijk talent om onder de knie te krijgen. We gebruiken een reeks microvaardigheden om ons te helpen lezen in onze moedertaal. We kunnen bijvoorbeeld een passage doornemen om een globaal idee te krijgen van waar het over gaat. Of we kammen een groot aantal bladzijden van een treindienstregeling door op zoek naar een specifieke tijd of plaats. Terwijl deze microvaardigheden een tweede natuur zijn bij het lezen in onze moedertaal, blijkt uit onderzoek dat we de meeste ervan vaak vergeten bij het lezen in een vreemde taal. Wanneer we een vreemde taal leren, beginnen we gewoonlijk bij het begin van een tekst en werken we ons een weg door de tekst, waarbij we elk woord proberen te begrijpen. Onvermijdelijk komen we onbekende of ingewikkelde termen tegen en raken we geïrriteerd door ons onvermogen om ze te begrijpen.

Een van de grootste voordelen van het lezen in een vreemde taal is dat je wordt blootgesteld aan een groot aantal zinnen en uitdrukkingen die in alledaagse situaties worden gebruikt. Extensief lezen is een term die wordt gebruikt om het lezen voor plezier aan te duiden om een taal te leren. Het is niet zoals het lezen van een tekstboek, wanneer gesprekken of teksten zijn ontworpen om langzaam en zorgvuldig te worden gelezen met het doel om elk woord te begrijpen. "Intensief lezen" verwijst naar lezen dat wordt gedaan om specifieke leerdoelen te bereiken of taken te voltooien. Anders gezegd, intensief lezen in tekstboeken helpt meestal bij het leren van grammaticaregels en bepaalde woordenschat, maar extensief lezen van verhalen helpt bij het leren van natuurlijke taal.

Korte Verhalen in het Hongaars biedt u de mogelijkheid om meer te leren over natuurlijk Hongaars taalgebruik, ook al bent u uw taalleertocht misschien begonnen met uitsluitend tekstboeken. Hier zijn een paar tips om in gedachten te houden als u de verhalen in dit boek leest om er het meeste uit te halen: Als het op lezen aankomt, zijn plezier en een gevoel van vervulling van cruciaal belang. Je blijft terugkomen voor meer omdat je geniet van wat je aan het lezen bent. Elk verhaal van begin tot eind lezen is de beste methode om plezier te beleven aan het lezen van verhalen en je volbracht te voelen. Het belangrijkste is dan ook om het einde van een verhaal te halen. Dat is eigenlijk nog belangrijker dan elk woord te kennen.

Hoe meer je leest, hoe meer kennis je zult opdoen. U zult snel een kennis hebben van hoe Hongaars werkt als u grotere boeken leest voor uw plezier. Bedenk echter wel dat u, om ten volle van de voordelen van extensief lezen te kunnen profiteren, eerst een voldoende omvangrijk boek moet lezen. Door hier en daar een paar bladzijden te lezen leert u misschien een paar nieuwe woorden, maar het zal geen significant verschil maken in uw algehele niveau van Hongaars.

Accepteer dat je niet alles zult begrijpen van wat je in een roman leest. Dit is, zonder twijfel, het meest cruciale punt! Onthoud altijd dat het volkomen aanvaardbaar is dat u niet alle woorden of zinnen begrijpt. Het betekent niet dat je taalvaardigheden ontoereikend zijn of dat je slecht presteert. Het geeft aan dat u actief betrokken bent bij het leerproces.

Leesgids

Om het meeste uit het lezen van Korte Verhalen in het Hongaars te halen, kunt u het beste dit eenvoudige leesproces in zes stappen volgen voor elk hoofdstuk van de verhalen:

1. Lees de titel van het hoofdstuk. Denk na over waar het verhaal over zou kunnen gaan. Lees dan het verhaal helemaal door. Uw doel is gewoon het einde van het verhaal te bereiken. Stop daarom niet om woorden op te zoeken en maak u geen zorgen als er dingen zijn die u niet begrijpt. Probeer gewoon de plot te volgen.

2. Wanneer u het einde van het verhaal hebt bereikt, scant u de Nederlandse vertaling om te zien of u hebt begrepen wat er is gebeurd en pikt u alle context op die u misschien hebt gemist.

3. Ga terug en lees hetzelfde verhaal opnieuw. Als u wilt, kunt u zich meer op de details van het verhaal concentreren, maar anders leest u het gewoon nog een keer door.

4. Werk vervolgens door de begripsvragen in Hongaars om te controleren of u de belangrijkste gebeurtenissen in het verhaal begrijpt. Als u de vragen niet helemaal begrijpt, hoeft u zich geen zorgen te maken. Gebruik uw kennis om zo goed mogelijk te antwoorden.

5. Op dit punt moet u de belangrijkste gebeurtenissen van het hoofdstuk enigszins begrijpen. Als dat niet het geval is, kunt u het hoofdstuk een paar keer herlezen, waarbij u de vertaling gebruikt om onbekende woorden en zinnen te controleren, totdat u zich zeker voelt.

Zodra u klaar bent en zeker weet dat u begrijpt wat er is gebeurd - of dat nu na één lezing van het verhaal is of na meerdere - gaat u verder met het volgende verhaal en geniet u verder van het verhaal in uw eigen tempo, net zoals u van elk ander boek zou genieten.

Pas als u een verhaal in zijn geheel hebt uitgelezen, moet u overwegen terug te gaan en de verhaaltaal desgewenst verder uit te diepen. Of in plaats van u zorgen te maken of u alles begrijpt, de tijd te nemen om u te concentreren op alles wat u hebt begrepen en uzelf te feliciteren met alles wat u hebt gedaan.

Korte Verhalen

in het Hongaars

Budapest

Budapest, Magyarország A kultúra és a **történelem** városa, ahol Kelet és Nyugat találkozik, és amely az évek során számos kreatív elmének adott otthont. Az egyik ilyen elme egy Klara nevű fiatal nőé volt. Művész volt, és szenvedélye a festészet volt. De szerette a zenét is, és gyakran dúdolta a dallamokat, miközben legújabb remekművén **dolgozott.** Egy ilyen dallam volt az, ami egy nap felkeltette egy arra járó idegen figyelmét. Egy pillanatra megállt, hogy **meghallgassa,** majd megkérdezte, hogy csatlakozhat-e hozzá. Klara először habozott, de aztán beleegyezett.

Így kezdődött egy csodálatos barátság két rokonlélek között, akiknek közös a művészet és a zene iránti szeretetük. Klara és az **idegen,** aki László néven mutatkozott be, hamarosan jó barátok lettek. Gyakran találkoztak, hogy együtt fessenek vagy **zenéljenek.** És az egyik ilyen találkozás alkalmával László elmesélte Klárának, hogy **álma,** hogy egy nap híres zeneszerző legyen. Klárát lelkesítette barátja ambíciója, és megígérte, hogy segít neki elérni a célját. Elkezdte bemutatni őt olyan embereknek a városban, akik elősegíthették volna a karrierjét. És nemsokára László neve Budapest-szerte ismert lett, mint tehetséges zenész és **zeneszerző**.

Boedapest

Boedapest, Hongarije Een stad van cultuur en **geschiedenis**, waar het Oosten en het Westen elkaar ontmoeten, en een plek waar in de loop der jaren veel creatieve geesten zijn geweest. Eén zo'n geest behoorde toe aan een jonge vrouw genaamd Klara. Ze was een kunstenares, en haar passie was schilderen. Maar ze hield ook van muziek, en ze neuriede vaak deuntjes als ze aan haar laatste meesterwerk werkte. Het was zo'n deuntje dat op een dag de aandacht trok van een passerende vreemdeling. Hij stopte even om **te luisteren** en vroeg toen of hij mee mocht doen. Klara aarzelde eerst, maar stemde toen toe.

En zo begon een mooie vriendschap tussen twee geestverwanten die een liefde voor kunst en muziek deelden. Klara en de **vreemdeling**, die zich voorstelde als Laszlo, werden al snel goede vrienden. Ze spraken vaak af om samen te schilderen of **muziek te** maken. En het was tijdens een van deze sessies dat Laszlo Klara vertelde over zijn **droom** om op een dag een beroemd componist te worden. Klara was geïnspireerd door de ambitie van haar vriend, en ze beloofde hem te helpen zijn doel te bereiken. Ze begon hem te introduceren bij mensen in de stad die zijn carrière konden bevorderen. En al snel was Laszlo's naam in

Ahogy László csillaga kezdett felemelkedni, úgy nőtt Klara saját művészi **hírneve is.** Festményei iránt most már nagy volt a kereslet, sőt, sikerült néhány munkáját igen jó áron eladnia. A siker ellenére Klara azonban soha nem feledkezett meg barátjáról, Lászlóról, és továbbra is támogatta őt zenei **törekvéseiben**. Több év kemény munka és odaadás után Klara és László is elérte álmait; ma már elismert művészek voltak a saját szakterületükön, és **fényes** jövő állt előttük. Köszönjük, hogy meghallgatták történetünket. Az évek teltek, Klara és László jó barátok maradtak, kötelékük erősebb, mint valaha. Továbbra is **gyönyörű** művészetet alkottak együtt, amelyet az általuk annyira szeretett város - Budapest - ihletett. És amikor még egyszer utoljára nézték a naplementét a Duna felett, tudták, hogy történetük örökre emlékezetes marad ezen a **varázslatos** helyen.

heel Boedapest bekend als een getalenteerd musicus en **componist**.

Naarmate Laszlo's ster begon te rijzen, steeg ook Klara's eigen **reputatie** als kunstenaar. Er was nu veel vraag naar haar schilderijen, en ze was er zelfs in geslaagd een aantal van haar werken voor een zeer goede prijs te verkopen. Maar ondanks haar succes vergat Klara haar vriend Laszlo nooit en bleef hem steunen in zijn muzikale **inspanningen**. Na verscheidene jaren van hard werken en toewijding hadden zowel Klara als Laszlo hun dromen verwezenlijkt; zij waren nu gerespecteerde artiesten op hun respectieve gebieden met een **mooie** toekomst voor zich. Dank u voor het luisteren naar ons verhaal. De jaren gingen voorbij en Klara en Laszlo bleven goede vrienden, hun band sterker dan ooit. Ze bleven samen **prachtige** kunst maken, geïnspireerd door de stad waar ze zo van hielden - Boedapest. En toen ze voor de laatste keer de zon zagen ondergaan boven de Donau, wisten ze dat hun verhaal voor altijd herinnerd zou worden op deze **magische** plek.

Értelmezési kérdések

1. Mi a város a szövegben?

2. Ki a történet főszereplője?

3. Mi a főszereplő szenvedélye?

4. Mit tesz az idegen, amikor meghallja Klara dúdolását?

5. Mi az idegen álma?

6. Hogyan segít Klara az idegennek megvalósítani az álmát?

7. Mi az eredménye Klára és László barátságának?

8. Mit tesz Klara, amikor sikeres lesz?

9. Mit érez Klara és László a történet végén?

10. Mi a történet témája?

Begrip vragen

1. Wat is de stad in de tekst?

2. Wie is de hoofdpersoon van het verhaal?

3. Wat is de passie van de hoofdpersoon?

4. Wat doet de vreemdeling als hij Klara hoort neuriën?

5. Wat is de droom van de vreemdeling?

6. Hoe helpt Klara de vreemdeling zijn droom te verwezenlijken?

7. Wat is het resultaat van Klara en Laszlo's vriendschap?

8. Wat doet Klara als ze succesvol wordt?

9. Hoe voelen Klara en Laszlo zich aan het eind van het verhaal?

10. Wat is het thema van het verhaal?

Tokaji bor

Sötét és viharos éjszaka volt. A szél süvöltött a **fák** között, leveleket és ágakat repített a levegőbe. A távolban mennydörgés dübörgött, mint egy dühös vadállat. Aznap este mindenki a tokaji borra gondolt, miközben otthonukban a tűz köré húzódtak, az édes **nektárt** kortyolgatták, és történeteket meséltek a régmúlt időkről. A vihar egész éjjel tombolt, de reggelre egy csepp eső sem esett. A nap előbukkant a felhők mögül, és **meleg** fényt árasztott a földre. A madarak énekelni kezdtek, és az emberek előbújtak otthonukból, pislogva a hirtelen jött fényben. Úgy tűnt, minden rendben van a világban - egészen addig, amíg észre nem vették a **vihar** által hátrahagyott károkat.

Fákat döntöttek ki, házakat **rongáltak meg,** és ami a legrosszabb - sok szőlőültetvény, ahol tokaji bort termelnek, elpusztult. Évekbe fog telni, amíg ezek a szőlőültetvények helyreállnak... de az ilyen időkben az emberek mindig megtalálják a módját, hogy kitartsanak. A vihar tönkretehette a szőlőültetvényeket, de az itt élő emberek **lelkét** nem tudta megérinteni. Ők egy szívós társaság, akik hozzászoktak a nehézségek leküzdéséhez. Így hát munkához láttak, újjáépítették otthonaikat és újraültették szőlőiket. Hosszú lesz a felépülés útja, de minden egyes nappal egy kicsit

Tokaji wijn

Het was een donkere en stormachtige nacht. De wind gierde door de **bomen**, blaadjes en takken vlogen door de lucht. In de verte rommelde de donder als een boos beest. Iedereen dacht die avond aan Tokaji wijn, terwijl ze zich in hun huizen rond het vuur schaarden, nipten aan de zoete **nectar** en verhalen vertelden over vervlogen tijden. De storm raasde de hele nacht door, maar 's morgens was er geen druppel regen te bekennen. De zon kwam achter de wolken vandaan en wierp een **warme** gloed over het land. Vogels begonnen te zingen en mensen kwamen uit hun huizen, knipperend in het plotselinge licht. Alles leek weer goed te zijn - tot ze de schade opmerkten die de **storm had achtergelaten**.

Bomen waren ontworteld, huizen waren **beschadigd**, en het ergste van alles - veel van de wijngaarden waar Tokaji-wijn wordt geproduceerd, waren verwoest. Het zal jaren duren voordat deze wijngaarden hersteld zijn... maar in tijden als deze vinden mensen altijd een manier om door te zetten. De storm mag dan de wijngaarden hebben verwoest, maar hij kon de **geest** van de mensen die hier wonen niet beroeren. Ze zijn een taai stelletje, gewend om tegenspoed te overwinnen. En dus gingen ze aan de slag, herbouwden hun huizen

közelebb érzik **magukat** ahhoz, hogy visszatérjenek oda, ahol korábban voltak. Addig is, továbbra is élvezik a tokaji bort - mert még a nehéz időkben is mindig van idő egy kis **édességre** az életben.

A szőlőültetvények végre kezdenek **helyreállni**, és a tokaji bor első új termése készen áll a szüretre. Izgalom van a levegőben, ahogy az emberek összegyűlnek, hogy **együtt** ünnepeljék ezt a jelentős eseményt. Emelik poharukat, koccintanak a jövőre, és élvezik a **siker** édes ízét. Lehet, hogy időbe telt, de végre visszatértek - erősebben, mint valaha. Az évek elteltek, és a szőlőültetvények ismét virágoznak. A tokaji bor népszerűbb, mint valaha, és a világ minden tájáról érkeznek emberek, hogy meglátogassák ezt a **gyönyörű** helyet. Ez egy új fejezet a tokaji bor történetében - egy olyan fejezet, amely biztosan ugyanolyan édes lesz, mint maga a **nektár.**

en herplantten hun wijnstokken. Het zal een lange weg naar herstel zijn, maar met elke dag die voorbijgaat voelen ze dat ze weer een beetje **dichter** bij het punt komen waar ze eerder waren. Ondertussen blijven ze genieten van Tokaji-wijn - want zelfs in moeilijke tijden is er altijd tijd voor een beetje **zoetigheid** in het leven.

De wijngaarden beginnen **zich** eindelijk te **herstellen** en de eerste nieuwe oogst van Tokaji-wijn is klaar om geoogst te worden. Er hangt een gevoel van opwinding in de lucht wanneer mensen **samenkomen** om deze gedenkwaardige gebeurtenis te vieren. Ze heffen het glas, proosten op de toekomst en genieten van de zoete smaak van **succes**. Het heeft misschien even geduurd, maar ze zijn eindelijk terug - sterker dan ooit tevoren. De jaren zijn voorbijgegaan en de wijngaarden bloeien weer op. Tokaji-wijn is populairder dan ooit en mensen van over de hele wereld komen deze **prachtige** plek bezoeken. Het is een nieuw hoofdstuk in de geschiedenis van de Tokaji-wijn - een die zeker net zo zoet zal zijn als de **nectar** zelf.

Értelmezési kérdések

1. Mi járt mindenki fejében a vihar estéjén?

2. Reggel mi volt az első jele annak, hogy a vihar elvonult?

3. Milyen károkat szenvedtek a szőlőültetvények?

4. Mit éreztek az emberek a szőlőültetvények pusztulása miatt?

5. Mit tettek az emberek a vihar után?

6. Mennyi időbe telt, amíg a szőlőültetvények helyreálltak?

7. Amikor a szőlőültetvények kezdtek helyreállni, hogyan érezték magukat az emberek?

8. Miben más most a tokaji bor, mint a vihar előtt?

9. Mi a tokaji bor történetének új fejezete?

10. Mit gondol a szerző a tokaji borról?

Begrip vragen

1. Waar dacht iedereen aan op de avond van de storm?

2. Wat was 's morgens het eerste teken dat de storm was gaan liggen?

3. Wat was de schade aan de wijngaarden?

4. Wat vonden de mensen van de verwoesting van de wijngaarden?

5. Wat deden de mensen in de nasleep van de storm?

6. Hoe lang heeft het geduurd voordat de wijngaarden zich herstelden?

7. Toen de wijngaarden zich begonnen te herstellen, hoe voelden de mensen zich toen?

8. Hoe is de Tokaji wijn nu anders dan voor de storm?

9. Wat is het nieuwe hoofdstuk in de geschiedenis van de Tokaji wijn?

10. Hoe denkt de auteur over Tokaji wijn?

Balaton

A Balaton fölött már lement a nap, és az utolsó **turisták is** összepakolták a holmijukat, és elindultak vissza a szállodájukba. De volt egy ember, aki még nem akart távozni. Annának hívták, és imádott a tónál időzni, még akkor is, amikor mindenki más már hazament. Ma este különösen vonzotta a víz. Leült a stégre, és belelógatta a lábát, figyelte, ahogy a hullámok szétterülnek onnan, ahol a lábujjai megzavarják a felszínt. Az ég **mélyvörös** és narancssárga színben pompázott, és gyönyörűen tükröződött a vízről. Anna elégedetten felsóhajtott, és hátradőlt a stéget tartó egyik oszlopnak. Jól esett egyszerűen csak pihenni egy hosszú munkanap után. Hirtelen csobbanást hallott a háta mögött, amit nehéz léptek követtek, amelyek a stégen keresztül közeledtek felé. Épp időben fordult meg, hogy meglássa, amint egy hatalmas **lény** bukkan elő a víz alól! Úgy nézett ki, mint valami szörnyeteg, testét pikkelyek borították, és a szemei vörösen izzottak! Anna felkapaszkodott, de már túl késő volt. A lény már elérte őt, és nyálkás csápjaival a dereka köré tekeredett, és a víz felé húzta. Segítségért **kiáltott**, de senki sem volt a közelben, aki meghallotta volna.

Kétségbeesetten próbált visszavágni, de a lény túl erős

Balatonmeer

De zon ging onder boven het Balatonmeer en de laatste **toeristen van** die dag pakten hun spullen in en gingen terug naar hun hotels. Maar er was één persoon die nog niet weg wilde. Ze heette Anna en bracht graag tijd **door** aan het meer, zelfs als iedereen al naar huis was. Vanavond voelde ze zich vooral aangetrokken tot het water. Ze ging op de steiger zitten en liet haar voeten erin bungelen, kijkend hoe de rimpelingen zich verspreidden van waar haar tenen het oppervlak beroerden. De lucht kleurde diep **rood** en oranje en weerspiegelde prachtig in het water. Anna zuchtte tevreden en leunde achterover tegen een van de palen die de steiger ondersteunden. Het voelde goed om even te ontspannen na een lange dag op het werk. Plotseling hoorde ze een plons achter zich, gevolgd door zware voetstappen die over de steiger op haar afkwamen. Ze draaide zich net op tijd om om een groot **wezen** van onder het water te zien komen! Het zag eruit als een soort monster met schubben over zijn hele lichaam en gloeiende rode ogen! Anna krabbelde overeind, maar het was te laat. Het schepsel had haar al bereikt en sloeg zijn slijmerige tentakels om haar middel en sleurde haar mee naar het water. Ze **schreeuwde** om hulp, maar er was niemand die haar kon horen.

volt. Belerántotta a vízbe, és érezte, hogy magával rántja a tó mélyére. Nem kapott levegőt, és a feketeség kezdte elzárni a látását. Mielőtt elvesztette volna az eszméletét, látta, hogy a lény **arca** szinte mosolyra húzódott. Anna köhögve és zihálva ébredt fel. Tetőtől talpig átázva feküdt a stégen. A lénynek sehol sem volt nyoma. Biztosan álmodott! De olyan valóságosnak tűnt... Megrázta a fejét, hogy kitisztuljon, és bizonytalanul felállt. A szíve még mindig hevesen vert a **rémálom** adrenalinlöketétől. Talán mégiscsak vissza kellene mennie a szállodába. Ettől a helytől kirázta a hideg! Ahogy Anna elsétált a tótól, nem tudott mit tenni, de úgy érezte, mintha valami figyelné őt. Felgyorsította a lépteit, de valahányszor a **válla** fölött átnézett, nem volt ott semmi. Azt mondta magának, hogy csak a képzelete játszik vele, de még mindig nem tudott szabadulni az **érzéstől,** hogy valami nincs rendben.

Ze probeerde wanhopig terug te vechten, maar het schepsel was te sterk. Het trok haar het water in en ze voelde zich meegesleurd worden in de diepte van het meer. Ze kon niet ademen en de duisternis begon haar gezichtsveld te omsluiten. Net voor ze het bewustzijn verloor, zag ze het **gezicht** van het schepsel vervormd tot wat leek op een glimlach. Anna werd hoestend en sputterend wakker. Ze lag op de kade, doorweekt van top tot teen. Er was nergens een teken van het schepsel. Ze moet gedroomd hebben! Maar het voelde zo echt... Ze schudde haar hoofd om het helder te krijgen en stond wankel op. Haar hart ging nog steeds tekeer van de adrenalinestoot van haar **nachtmerrie**. Misschien moest ze nu toch maar teruggaan naar haar hotel. Deze plek gaf haar de kriebels! Terwijl Anna van het meer wegliep, had ze het gevoel dat iets haar in de gaten hield. Ze versnelde haar pas, maar telkens als ze over haar **schouder** keek, was er niets. Ze zei tegen zichzelf dat het haar verbeelding was die haar parten speelde, maar toch kon ze het **gevoel niet van zich** afschudden dat er iets niet klopte.

Értelmezési kérdések

1. Mit csinál Anna, amikor a tónál van?

2. Hogy néz ki az a lény, amelyik a vízből jön ki?

3. Mit tesz Anna, amikor felébred az álmából?

4. Hogyan reagál Anna, amikor gyermeke egy mérleget talál a tónál?

5. Mit akar a lény Annától?

6. Mit érez Anna a tóban lévő lénnyel kapcsolatban?

7. Mit tesz a lény Annával, amikor elkapja?

8. Hogyan találja meg Anna gyermeke a tóparti mérleget?

9. Hogyan néz ki a skála?

10. Mi a lény végső célja?

Begrip vragen

1. Wat doet Anna als ze bij het meer is?

2. Hoe ziet het schepsel eruit dat uit het water komt?

3. Wat doet Anna als ze wakker wordt uit haar droom?

4. Wat is Anna's reactie als haar kind een weegschaal vindt bij het meer?

5. Wat wil het schepsel met Anna?

6. Wat vindt Anna van het schepsel in het meer?

7. Wat doet het schepsel met Anna als het haar vangt?

8. Hoe vindt Anna's kind de schaal bij het meer?

9. Hoe ziet de schaal eruit?

10. Wat is het uiteindelijke doel van het schepsel?

Romok bárok

Magyarországon jártam először romkocsmában. A barátaimmal egy európai körutazáson voltunk, és úgy döntöttünk, hogy megállunk pár napra Magyarországon. Hallottuk, hogy az ország tele van romkocsmákkal, amelyek alapvetően **elhagyatott** épületek, amelyeket bárokká alakítottak át. Úgy gondoltuk, jó móka lesz megnézni őket. Végül a Szimpla Kert nevű helyen kötöttünk ki, amely Budapest egyik leghíresebb romkocsmája. Abban a pillanatban, ahogy beléptünk, tudtuk, hogy tetszeni fog. **Sötét** és hangulatos volt, kitett téglafalakkal és össze nem illő bútorokkal. Élő zene szólt, és körülöttünk táncoló emberek táncoltak. Rendeltünk néhány **italt**, és letelepedtünk az egyik hangulatos sarokba, hogy megfigyeljük az embereket. Ahogy telt az este, egyre több budapesti romkocsmát fedeztünk fel - mindegyikben találtunk valami **egyedit**.

De volt valami a Szimpla Kertben, ami folyton visszahúzott minket; úgy éreztük, mintha az otthonunk lenne. Ha mostanában **honvágyunk van**, csak egy romkocsma kell, és hirtelen minden újra jónak tűnik. Azóta járok romkocsmákba, amióta először jártam Magyarországon. Ezek lettek a **kedvenc** helyeim az iváshoz és a társasági élethez. Imádom a nyugodt légkört és azt a tényt, hogy olyan **ruhában** jelenhetsz

Ruïnes bars

De eerste keer dat ik naar een ruïne bar ging was in Hongarije. Mijn vrienden en ik waren op een roadtrip door Europa, en we besloten om een paar dagen in Hongarije te stoppen. We hadden gehoord dat het land vol zat met ruïnes bars, die in feite **verlaten** gebouwen zijn die zijn omgebouwd tot bars. Het leek ons leuk om daar eens te gaan kijken. We kwamen terecht in Szimpla Kert, een van de beroemdste ruïnebars van Boedapest. Toen we binnenkwamen, wisten we meteen dat we het leuk zouden vinden. Het was er **donker** en sfeervol, met zichtbare bakstenen muren en wanordelijke meubels. Er speelde live muziek en overal om ons heen dansten mensen. We bestelden wat **te drinken** en nestelden ons in een van de gezellige hoekjes om mensen te kijken. Naarmate de nacht vorderde, verkenden we meer van de ruïnebars in Boedapest - elke bar had iets **unieks te bieden**.

Maar er was iets aan Szimpla Kert dat ons steeds weer terugtrok; het voelde als een thuis weg van huis. Als we nu **heimwee hebben, hebben** we alleen maar een ruïnebar nodig, en plotseling voelt alles weer goed. Sinds die eerste reis naar Hongarije ga ik naar ruïnes bars. Het zijn mijn **favoriete** plekken geworden om te drinken en te socializen. Ik hou van de ontspannen

meg, amilyenben csak akarsz - nem kell megjátszani magad, vagy úgy tenni, mintha nem lennél az, aki vagy. Ma már Európa-szerte vannak romkocsmák, de szerintem még mindig a magyarországiak a legjobbak. Talán azért, mert ezek voltak az elsők, ahol valaha is jártam, vagy talán azért, mert van bennük valami **különleges**, ami más helyeken nincs.

Akárhogy is, amikor lehetőségem nyílik visszamenni, azonnal lecsapok rá. Ha még nem jártál romkocsmában, akkor mindenképpen meg kell tenned - különösen, ha Magyarországon találod magad! A barátaimmal az elmúlt **években** Európa-szerte jártunk romkocsmákba. Voltunk már néhány csodálatos helyen, de a kedvencünk még mindig a budapesti Szimpla Kert. Egyszerűen van valami abban a helyben, ami miatt mindig visszajárunk. Mindig megállunk a Szimpla Kertben, amikor Magyarországon járunk. Még ha csak néhány óránk van a **vonat** indulása előtt, akkor is odamegyünk egy-két gyors italra. Olyan, mintha otthon éreznénk magunkat - egy hely, ahol ellazulhatunk és önmagunk lehetünk **ítélkezés** nélkül. Ha egyszer Magyarországon jársz, mindenképpen nézd meg a romkocsmákat! Lehet, hogy a te új kedvenc törzshelyed is ezek lesznek.

sfeer en het feit dat je gewoon kunt komen opdagen in de **kleren** die je wilt - er is geen behoefte aan pretenties of je voordoen als iemand die je niet bent. Er zijn nu ruïnebars in heel Europa, maar ik vind die in Hongarije nog steeds de beste. Misschien omdat het de eerste waren waar ik ooit ben geweest, of omdat ze iets **speciaals** hebben dat andere plaatsen niet hebben.

Hoe dan ook, als ik de kans krijg om terug te gaan, grijp ik die met beide handen aan. Als je nog nooit naar een ruïnebar bent geweest, dan moet je dat zeker doen - vooral als je in Hongarije bent! Mijn vrienden en ik zijn de afgelopen **jaren** naar ruïnes bars gegaan door heel Europa. We zijn op een aantal geweldige plekken geweest, maar onze favoriet is nog steeds Szimpla Kert in Boedapest. Er is gewoon iets met die plek waardoor we steeds terugkomen. We zorgen er altijd voor dat we bij Szimpla Kert stoppen als we in Hongarije zijn. Zelfs als we maar een paar uur hebben voordat onze **trein** vertrekt, gaan we erheen voor een snel drankje of twee. Het voelt nu als thuis - een plek waar we kunnen ontspannen en onszelf kunnen zijn zonder **veroordeling**. Als je ooit in Hongarije bent, ga dan zeker een kijkje nemen in de ruïne bars! Misschien worden ze ook wel jouw nieuwe favoriete hangplek.

Értelmezési kérdések

1. Mik azok a romkocsmák?

2. Hol van Magyarország?

3. Mi az a Szimpla Kert?

4. Mit mond a szerző a Szimpla Kertről?

5. Milyen a hangulat egy romkocsmában?

6. Vannak romkocsmák más országokban?

7. Mi a szerző kedvenc romkocsmája?

8. Mit mond a szerző a romkocsmában való öltözködésről?

9. Mi a szerző véleménye a romos rudakról?

10. Milyen tanácsot ád a szerző a romlott bárokkal kapcsolatban?

Begrip vragen

1. Wat zijn ruïnestaven?

2. Waar ligt Hongarije?

3. Wat is Szimpla Kert?

4. Wat zegt de auteur over Szimpla Kert?

5. Hoe is de sfeer in een ruïne bar?

6. Zijn er ruïne bars in andere landen?

7. Wat is de favoriete ruïnereep van de auteur?

8. Wat zegt de auteur over kleding in een ruïne bar?

9. Wat is de mening van de auteur over verwoeste tralies?

10. Welk advies geeft de auteur over geruïneerde bars?

Gulyás

Sötét és viharos éjszaka volt. Az a fajta éjszaka, amikor az ember legszívesebben összebújna egy jó **könyvvel** és egy tál meleg gulyással. De sajnos nem találtam gulyást a szekrényben, csak egy doboz paradicsomlevest és egy kis **tésztát**. Odakint süvöltött a szél, és végigfutott a hideg a hátadon. Úgy döntött, hogy beéri azzal, ami van, és elkezdte főzni a tésztát. Ahogy a víz forrni kezdett, hallottad, hogy valami kaparászik az ajtón. Óvatosan közelítettél az ajtóhoz, a **szíved** a mellkasodban dobogott. Lehet, hogy betörő volt? Vagy ami még rosszabb, egy zombi? Lassan a kilincs után nyúltál, készen arra, hogy szükség esetén megvédd magad. De amikor kinyitottad az ajtót, csak egy bágyadt macskát találtál.

Szegény úgy nézett ki, mintha a poklot is megjárta volna. **Csupa** sár volt, és a bundája vérrel volt összemaszatolva. Szánalmasan nyávogott, ahogy betántorgott a házba. Megsajnáltad a lényt, és úgy döntöttél, hogy megtisztítod, mielőtt adsz neki enni. Addig turkáltál a **szekrényeidben**, amíg találtál egy régi törülközőt, és elkezdted óvatosan letörölgetni a macskát. Miután megtisztítottad, kitettél neki egy tál levest és egy kis szárazeledelt, amit megehetett. Nem volt túl sok, de remélhetőleg **reggelig** kitartott a

Goulash

Het was een donkere en stormachtige nacht. Het was
zo'n nacht dat je zin had om te gaan liggen met een
goed **boek** en een warme kom goulash. Maar helaas,
er was geen goulash te vinden in de kast. alleen een
blik tomatensoep en wat **pasta**. De wind huilde buiten
en bezorgde je rillingen over je rug. Je besloot het
te doen met wat je had en begon de pasta te koken.
Toen het water begon te koken, hoorde je iets aan de
deur krassen. Je liep voorzichtig naar de deur, je **hart**
bonsde in je borst. Zou het een inbreker zijn? Of nog
erger, een zombie? Je greep langzaam naar de klink,
klaar om jezelf te verdedigen indien nodig. Maar toen je
de deur opende, vond je alleen een verfomfaaide kat.

Het arme ding zag eruit alsof het door de hel en terug
was gegaan. Hij **zat** onder de modder en zijn vacht was
helemaal doordrenkt met bloed. Het miauwde zielig
toen het het huis binnenstrompelde. Je had medelijden
met het beestje en besloot het schoon te maken voor je
het iets te eten gaf. Je rommelde in je **kasten** tot je een
oude handdoek vond en begon de kat voorzichtig af te
vegen. Toen hij schoon was, zette je een kom soep en
wat droogvoer klaar om te eten. Het was niet veel, maar
hopelijk was het genoeg voor de kat tot de **ochtend**,
wanneer u de juiste goulash-ingrediënten uit de winkel

macska, amikor is el tudtál menni a boltba, hogy rendes gulyás hozzávalókat szerezz. A macska éhesen falta az ételt, majd elégedetten dorombolva összekuporodott a törölközőn. Egy pillanatig még figyelte, mielőtt **maga is** lefeküdt volna. Hosszú éjszakának nézett elébe a kint tomboló viharral, de most legalább volt társasága.

Elaludtál, meleg tál gulyásról álmodtál, és **hálát** éreztél, hogy a macska utat talált az ajtódhoz. Másnap reggel arra ébredt, hogy a macska eltűnt. Valószínűleg az éjszaka folyamán kicsúszott, hogy újabb élelmet keressen. Remélted, hogy minden rendben lesz vele, és hamarosan újra látod. **Addig is** felöltözött, és elindult a boltba gulyás hozzávalókért. Kis szerencsével a viharos éjszakád egy finom tál **vigasztaló** ételbe fog átfordulni. Ahogy végigsétálsz a boltban, és összeszeded a szükséges hozzávalókat, nem tudsz nem gondolni a macskára. Reméli, hogy jól érzi magát ebben az időben. De még ha soha többé nem is látod, örülsz, hogy csak egy **éjszakára is** eljutott hozzád.

kon halen. De kat verslond het voer hongerig en krulde zich toen tevreden spinnend op de handdoek. Je keek even naar hem voordat je **zelf** naar bed ging. Het zou een lange nacht worden met de storm die buiten woedde, maar nu had je tenminste wat gezelschap.

U viel in slaap, droomde van warme kommen goulash en voelde zich **dankbaar** dat de kat de weg naar uw deur had gevonden. De volgende ochtend wordt u wakker en ziet u dat de kat weg is. Waarschijnlijk was ze 's nachts weggeglipt op zoek naar meer eten. U hoopte dat het goed met haar zou gaan en dat u haar snel weer zou zien. In de **tussentijd kleedde** u zich aan en ging u naar de winkel voor wat goulash-ingrediënten. Met een beetje geluk zal je stormachtige nacht veranderen in een heerlijke kom **comfort** food. Terwijl je door de winkel loopt en de ingrediënten ophaalt die je nodig hebt, moet je aan de kat denken. Je hoopt dat het goed met hem gaat in dit weer. Maar zelfs als je hem nooit meer ziet, ben je blij dat hij voor één **nacht de** weg naar jouw deur gevonden heeft.

Értelmezési kérdések

1. Mit talál a főhős, amikor kinyitja az ajtót?

2. Miért volt a macska sárral és vérrel borítva?

3. Mit érez a főhős a macskával kapcsolatban?

4. Mit tesz a főhős a macskáért?

5. Miről álmodik a főhős?

6. Másnap reggel mi a főhős első gondolata?

7. Hol van a macska, amikor a főhős felébred?

8. Mit remél a főhős a macskától?

9. Miért örül a főhős, hogy a macska utat talált az ajtajukhoz?

10. Miközben a főszereplő végigsétál a boltban, mire gondol?

Begrip vragen

1. Wat vindt de hoofdpersoon als hij de deur opent?

2. Waarom was de kat bedekt met modder en bloed?

3. Wat vindt de hoofdpersoon van de kat?

4. Wat doet de hoofdpersoon voor de kat?

5. Waar droomt de hoofdpersoon over?

6. De volgende morgen, wat is de eerste gedachte van de hoofdpersoon?

7. Waar is de kat als de hoofdpersoon wakker wordt?

8. Wat hoopt de hoofdpersoon voor de kat?

9. Waarom is de hoofdpersoon blij dat de kat de weg naar hun deur heeft gevonden?

10. Als de hoofdpersoon door de winkel loopt, waar denkt hij dan aan?

Budai Vár

A Budai Vár egy gyönyörű és történelmi **vár** Magyarországon. A vár évszázadokon keresztül számos különböző családnak adott otthont, és védelmet nyújtott a betolakodókkal szemben. Az utóbbi években a vár népszerű **turisztikai** célponttá vált, és a világ minden tájáról vonzza a látogatókat. Egy nyári napon egy négytagú amerikai család úgy döntött, hogy ellátogat a Budai Várba. Azonnal elvarázsolta őket a **szépség** és a történelem. Ahogy felfedezték a területet, úgy érezték, mintha visszaléptek volna az időben. A gyerekek lovagoknak és hercegnőknek tettették magukat, miközben a **szüleik** fotókat készítettek és csodálták az építészeti alkotásokat. Miután eltöltöttek egy kis időt a kinti felfedezéssel, úgy döntöttek, hogy bemennek a **kastély** egyik épületébe.

Amikor bejutottak, elámultak azon, hogy minden milyen jól megőrzött. Mintha egy másik világba léptek volna! Órákig bolyongtak, megismerkedtek a magyar kultúrával, és megcsodálták az egyes helyiségek **bonyolult** részleteit, mielőtt végül visszamentek volna, hogy az egyik torony tetejéről élvezzék a Budapestre nyíló kilátást. Későre járt, de a család még nem akart elmenni. A vár közelében béreltek egy kis **lakást,** és úgy döntöttek, hogy taxizás helyett inkább gyalog mennek oda. Ahogy sétáltak az utcákon, úgy érezték

Kasteel Buda

Kasteel Buda is een prachtig en historisch **kasteel** in Hongarije. Eeuwenlang was het kasteel de thuisbasis van veel verschillende families en diende het als een protectoraat tegen indringers. De laatste jaren is het kasteel een populaire **toeristische** bestemming geworden, die bezoekers van over de hele wereld trekt. Op een zomerdag besloot een gezin van vier uit Amerika het kasteel van Boeda te bezoeken. Ze werden onmiddellijk betoverd door de **schoonheid** en de geschiedenis. Toen ze het terrein verkenden, voelden ze zich alsof ze terug in de tijd waren gestapt. De kinderen renden rond en deden alsof ze ridders en prinsessen waren, terwijl hun **ouders foto**'s namen en zich verwonderden over de architectuur. Na enige tijd buiten te hebben rondgekeken, besloten ze een van de gebouwen op het **terrein binnen** te gaan.

Eenmaal binnen, waren ze verbaasd over hoe goed alles bewaard was gebleven. Het was alsof ze een andere wereld binnenstapten! Ze dwaalden uren rond, leerden over de Hongaarse cultuur en bewonderden alle **ingewikkelde** details van elke kamer voordat ze uiteindelijk weer naar buiten gingen om van het uitzicht op Boedapest te genieten vanaf een van de torens. Het werd al laat, maar de familie wilde nog niet vertrekken. Ze hadden een klein **appartement** gehuurd in de buurt

magukat, mintha egy tündérmesében lennének. A város olyan **gyönyörű** és elbűvölő volt! Végül visszaértek a lakásukba, és a fárasztó naptól kimerülten az ágyakra dőltek. De annak ellenére, hogy fáradtak voltak, mindannyian **egyetértettek** abban, hogy ez volt életük egyik legjobb napja.

Várakról, sárkányokról és hercegnőkről álmodozva aludtak el. Másnap reggel korán ébredtek, és úgy döntöttek, hogy még **felfedezik a** várost, mielőtt visszamennek a repülőtérre. Órákig sétáltak, megálltak kávézókban és üzletekben, és csak úgy élvezték Budapest minden látványát és hangját. Ez egy olyan nap volt, amelyre mindig **emlékezni fognak** - tökéletes befejezése **varázslatos** nyaralásuknak. Amikor felszálltak a repülőgépre, a család már a következő utazásukat tervezte. Tudták, hogy még annyi hely van a világon, amit felfedezhetnek, és alig várták, hogy megnézzék, mi **vár** még rájuk.

van het kasteel en besloten om erheen te lopen in plaats van een taxi te nemen. Terwijl ze door de straten liepen, voelden ze zich alsof ze in een sprookje waren beland. De stad was zo **mooi** en charmant! Uiteindelijk kwamen ze terug in hun appartement en ploften ze uitgeput van hun drukke dag op bed neer. Maar ook al waren ze moe, ze waren **het er** allemaal **over eens** dat het een van de beste dagen ooit was geweest.

Ze vielen in slaap en droomden over kastelen, draken en prinsessen. De volgende ochtend werden ze vroeg wakker en besloten de stad nog wat verder te **verkennen** voordat ze teruggingen naar het vliegveld. Ze liepen uren rond, stopten in cafés en winkels, en namen gewoon alle bezienswaardigheden en geluiden van Boedapest in zich op. Het was een dag die ze **zich** altijd zouden **herinneren** - een perfecte afsluiting van hun **magische** vakantie. Toen ze aan boord van hun vliegtuig stapten, was de familie al bezig met het plannen van hun volgende reis. Ze wisten dat er nog zoveel meer plaatsen in de wereld waren om te ontdekken, en ze konden niet wachten om te zien wat er nog meer op hen **wachtte**.

Értelmezési kérdések

1. Mi az a Budai Vár?

2. Mi a Budai Vár története?

3. Milyen családok éltek a Budai Várban?

4. Miért népszerű turisztikai célpont a Budai Vár?

5. Mit csinált az Amerikából érkezett család, amikor a Budai Várban jártak?

6. Mit gondolt a család a Budai Várról?

7. Mit csinált a család a Budai Vár felfedezése után?

8. Hogyan reagált a család Budapest városára?

9. Mit csinált a család az utolsó budapesti napjukon?

10. Mi volt a család általános véleménye az utazásról?

Begrip vragen

1. Wat is het kasteel van Buda?

2. Wat is de geschiedenis van Buda Castle?

3. Welke families hebben in het kasteel van Buda gewoond?

4. Waarom is het Buda Kasteel een populaire toeristische bestemming?

5. Wat deed de familie uit Amerika toen ze Kasteel Buda bezochten?

6. Wat vond de familie van Buda Castle?

7. Wat heeft de familie gedaan nadat ze kasteel Buda hadden verkend?

8. Wat was de reactie van de familie op de stad Boedapest?

9. Wat deed de familie op hun laatste dag in Boedapest?

10. Wat was het algemene oordeel van de familie over hun reis?

Harry Houdini

Harry Houdinit mindig is lenyűgözte a **varázslás** világa. Gyermekként órákon át próbálta kitalálni, hogy kedvenc bűvészei hogyan hajtják végre trükkjeiket. Elhatározta, hogy egy nap ő lesz a világ legnagyobb bűvészének. Felnőttként Harry a "bilincsek királya" néven vált ismertté. Bármilyen bilincsből ki tudott szabadulni, legyen az bármilyen szoros vagy **bonyolult**. Az emberek gyakran kihívták őt, hogy próbáljon meg kiszabadulni a saját bilincsükből, de Harrynek mindig könnyedén sikerült. Egy nap egy csapat férfi kihívta Harryt, hogy szabaduljon ki egy pár bilincsből, amelyről azt állították, hogy lehetetlen kiszabadulni belőle. Fogadtak vele 100 dollárban, hogy 10 percen belül nem sikerül neki. Harry elfogadta a **kihívást**, és gyorsan nekilátott, hogy megpróbáljon **kiszabadulni** a bilincsből.

A férfiak hitetlenkedve nézték, ahogy Harrynek másodpercek alatt sikerült kiszabadítania **magát.** Annyira lenyűgözte őket a képessége, hogy "A Nagy Houdini"-nek kezdték hívni. Ettől kezdve az emberek a világ minden tájáról eljöttek, hogy megnézzék Harry elképesztő szabadulóművészeti mutatványait. Ahogy Harry hírneve nőtt, úgy nőttek a kihívások is, amelyeket az emberek elé állítottak. Folyamatosan újabb és újabb **nehéz** helyzetekből kellett kiszabadulnia. Egy nap

Harry Houdini

Harry Houdini was altijd al gefascineerd door de wereld van **de magie**. Als kind spendeerde hij uren om uit te zoeken hoe zijn favoriete goochelaars hun trucs uitvoerden. Hij was vastbesloten om op een dag de grootste goochelaar ter wereld te worden. Als volwassene, werd Harry bekend als de "Koning van de Handboeien." Hij kon ontsnappen uit elk soort boeien, hoe strak of **ingewikkeld ook**. Mensen daagden hem vaak uit om te proberen te ontsnappen uit hun eigen handboeien, maar Harry slaagde er altijd met gemak in. Op een dag daagde een groep mannen Harry uit om te ontsnappen uit een paar handboeien waarvan zij beweerden dat het onmogelijk was om eruit te komen. Ze wedden met hem om 100 dollar dat hij het niet binnen 10 minuten zou kunnen. Harry nam de **uitdaging aan** en ging snel aan de slag om uit de handboeien te ontsnappen.

De mannen keken vol ongeloof toe hoe Harry **zich** binnen enkele seconden wist te bevrijden. Ze waren zo verbaasd over zijn vaardigheden dat ze hem "De Grote Houdini" begonnen te noemen. Van toen af aan kwamen mensen over de hele wereld om Harry zijn verbazingwekkende ontsnappingskunsten te zien uitvoeren. Naarmate Harry's faam groeide, groeiden

egy tudóscsoport kihívta Harryt, hogy szökjön meg egy vízzel teli, lezárt kamrából. Azt mondták, hogy **lehetetlen,** hogy bárki is élve kijusson a kamrából. Harry elfogadta a kihívást, és belépett a kamrába. Másodperceken belül kiszabadult a **kamrából**, és biztonságban felbukkant a felszínen.

A tudósokat lenyűgözték a képességei, és "Csodaembernek" kezdték hívni. Ettől kezdve Harry a történelem egyik legnagyobb bűvészeként vált ismertté. Egészen 1926-ban bekövetkezett korai haláláig folytatta a merész **szökéseket.** Bár Harry már nincs közöttünk, öröksége tovább él. Sok **bűvészt** inspirált az évek során, és legendája még generációkig elkápráztatja az embereket. Ha valaha is lesz alkalmad megnézni egy bűvészbemutatót, mindenképpen tartsd nyitva a szemed a Harry Houdini által híressé tett trükkökre. El fogsz ámulni azon, hogyan volt képes megmenekülni látszólag **lehetetlen** helyzetekből. És ki tudja, talán egy nap te magad is képes leszel végrehajtani néhányat a trükkjei közül!

ook de uitdagingen die mensen hem oplegden. Hij werd constant uitgedaagd om uit steeds **moeilijkere** situaties te ontsnappen. Op een dag daagde een groep wetenschappers Harry uit om te ontsnappen uit een verzegelde kamer die gevuld was met water. Ze zeiden dat het **onmogelijk was** voor iemand om levend uit de kamer te ontsnappen. Harry nam de uitdaging aan en ging de kamer binnen. Binnen enkele seconden was hij uit de **kamer** ontsnapt en kwam hij veilig buiten.

De wetenschappers waren verbaasd over zijn vaardigheden en begonnen hem "De Wonderbaarlijke Man" te noemen. Vanaf dat moment werd Harry bekend als een van de grootste goochelaars uit de geschiedenis. Hij bleef gewaagde **ontsnappingen** uitvoeren tot aan zijn vroegtijdige dood in 1926. Ook al is Harry niet meer onder ons, zijn nalatenschap blijft voortleven. Hij heeft door de jaren heen vele **goochelaars geïnspireerd**, en zijn legende zal nog generaties lang mensen blijven verbazen. Als je ooit de kans krijgt om een goochelshow te zien, zorg er dan voor dat je een oogje in het zeil houdt voor de trucs die Harry Houdini beroemd maakte. Je zult versteld staan hoe hij uit schijnbaar **onmogelijke** situaties kon ontsnappen. En wie weet, misschien zul je op een dag in staat zijn om zelf een aantal van zijn trucs uit te voeren!

Értelmezési kérdések

1. Mi volt Harry Houdini gyermekkori ambíciója?

2. Hogyan reagáltak az emberek, amikor látták Harry-t a szökési trükkjeit bemutatni?

3. Mi volt a legnehezebb szökési kihívás, amellyel Harrynek valaha is szembe kellett néznie?

4. Hogyan halt meg Harry Houdini?

5. Mi Harry Houdini öröksége?

6. Milyen trükköket mutatott be Harry Houdini?

7. Hogyan lett híres Harry Houdini?

8. Hogyan reagáltak a tudósok, amikor Harry megszökött a vízkamrából?

9. Mi Harry Houdini jelentősége a bűvészettörténetben?

10. Milyen tanácsot adna a szerző az olvasóknak?

Begrip vragen

1. Wat was Harry Houdini's kinderambitie?

2. Hoe reageerden de mensen toen ze Harry zijn ontsnappingstrucs zagen doen?

3. Wat was de moeilijkste ontsnappingsuitdaging die Harry ooit moest aangaan?

4. Hoe is Harry Houdini gestorven?

5. Wat is Harry Houdini's nalatenschap?

6. Wat voor trucs deed Harry Houdini?

7. Hoe is Harry Houdini beroemd geworden?

8. Wat was de reactie van de wetenschappers toen Harry uit de waterkamer ontsnapte?

9. Wat is de betekenis van Harry Houdini in de goochelgeschiedenis?

10. Welk advies zou de auteur aan de lezers geven?

Esztergomi bazilika

Az esztergomi bazilika **gyönyörű** látványt nyújt. Magyarország egyik legnépszerűbb turisztikai látványossága, amely a világ minden tájáról vonzza az embereket. A bazilika Esztergom városában található, amely Budapesttől körülbelül egy órányi autóútra van. A város a **Duna** partján fekszik, és lenyűgöző kilátásáról ismert. Volt szerencsém meglátogatni a bazilikát a közelmúltban tett magyarországi utam során. Megbabonázott a **szépsége** és a nagysága. Az épület külsejét bonyolult faragványok és szobrok díszítik, míg a belső tér ugyanilyen lenyűgöző a hatalmas **oszlopokkal** és ólomüveg ablakokkal.

Még a kupola tetejére is feljutottam, ahonnan **lélegzetelállító** kilátás nyílik Esztergomra és azon túlra. Ha valaha is Magyarországon jársz, mindenképpen írd be az útitervedbe az esztergomi bazilikát. Ez valóban egy **csodálatos** hely, amit nem szabad kihagyni! Másnap reggel korán ébredtem, alig vártam, hogy még többet felfedezhessek Esztergomból. A szállodámban elfogyasztott gyors **reggeli után** gyalog indultam el a bazilika felé. Ahogy közelebb értem, láttam, hogy még lenyűgözőbb, mint amire előző nap emlékeztem. A következő néhány órát azzal töltöttem, hogy bejártam a bazilika belsejét és megismertem a **történetét**.

Esztergom Basiliek

De Esztergom Basiliek is een **prachtig** gezicht. Het is een van de populairste toeristische attracties in Hongarije en trekt mensen van over de hele wereld. De basiliek is gelegen in de stad Esztergom, op ongeveer een uur rijden van Boedapest. De stad ligt aan de rivier **de Donau** en staat bekend om zijn prachtige uitzichten. Ik had het geluk de basiliek te bezoeken tijdens mijn recente reis naar Hongarije. Ik was gebiologeerd door haar **schoonheid** en grootsheid. De buitenkant van het gebouw is versierd met ingewikkeld beeldhouwwerk en standbeelden, terwijl het interieur al even indrukwekkend is met zijn massieve **zuilen** en glas-in-loodramen.

Ik mocht zelfs naar de top van de koepel, die **een adembenemend** uitzicht biedt over Esztergom en daarbuiten. Als je ooit in Hongarije bent, voeg dan zeker een bezoek aan de Esztergom Basiliek toe aan je reisroute. Het is echt een **prachtige** plek die je niet mag missen! De volgende ochtend werd ik vroeg wakker, gretig om meer van Esztergom te verkennen. Na een snel **ontbijt** in mijn hotel, ging ik te voet op weg naar de basiliek. Toen ik dichterbij kwam, zag ik dat de basiliek nog indrukwekkender was dan ik me van de vorige dag herinnerde. Ik bracht de volgende uren door met

Tudtad, hogy ez Magyarország egyik legnagyobb temploma? És hogy az építkezések egészen 1822-ben kezdődtek? Igazán elképesztő belegondolni, hogy ez a hihetetlen **épület** milyen régóta áll. Miután felfedeztem a bazilika minden egyes centiméterét, visszamentem kifelé, és körbesétáltam, hogy még egyszer szemügyre vegyem a **külsőt.** A nap éppen kezdett lenyugodni, amikor elmentem, és gyönyörű fényt vetett **mindenre**. Felejthetetlen élmény volt, amit mindig is nagy becsben fogok tartani. Ahogy visszasétáltam a szállodámba, nem tudtam megállni, hogy ne érezzek szomorúságot. A Magyarországon töltött időm a végéhez közeledett, és tudtam, hogy hiányozni fog ez a gyönyörű **ország**.

een rondleiding in de basiliek en met het leren over de **geschiedenis** ervan.

Wist je dat het een van de grootste kerken in Hongarije is? En dat de bouw ervan al in 1822 begon? Het is echt verbazingwekkend om te bedenken hoe lang dit ongelooflijke **gebouw** er al staat. Nadat ik elke centimeter van de basiliek had verkend, keerde ik terug naar buiten en liep rond om de **buitenkant nogmaals te bekijken**. De zon begon net onder te gaan toen ik vertrok en wierp een prachtige gloed over **alles**. Het was een onvergetelijke ervaring en een die ik altijd zal koesteren. Toen ik terugliep naar mijn hotel, kon ik het niet helpen, maar ik voelde een gevoel van droefheid. Mijn tijd in Hongarije liep ten einde, en ik wist dat ik dit prachtige **land zou** missen.

Értelmezési kérdések

1. Mi az az esztergomi bazilika?

2. Hol található az esztergomi bazilika?

3. Miről ismert Esztergom városa?

4. Mióta áll az esztergomi bazilika?

5. Hogyan néz ki a bazilika külseje?

6. Hogyan néz ki a bazilika belseje?

7. Milyen a kilátás a kupola tetejéről?

8. Mennyi ideig tartott a bazilika építése?

9. Hány óra volt, amikor a szerző elhagyta a bazilikát?

10. Mit érzett a szerző, amikor visszasétáltak a szállodába?

Begrip vragen

1. Wat is de Esztergom Basiliek?

2. Waar is de Esztergom Basiliek?

3. Waar is de stad Esztergom bekend om?

4. Hoe lang staat de Esztergom Basiliek er al?

5. Hoe ziet de buitenkant van de basiliek eruit?

6. Hoe ziet het interieur van de basiliek eruit?

7. Hoe is het uitzicht vanaf de top van de koepel?

8. Hoe lang heeft het geduurd om de basiliek te bouwen?

9. Hoe laat was het toen de schrijver de basiliek verliet?

10. Hoe voelde de auteur zich toen ze terugliepen naar hun hotel?

Piros paprika

A piros paprika mindig egy kicsit más volt, mint a **kertben** lévő többi zöldség. Nem mintha feltétlenül jobb vagy rosszabb lett volna, de egyszerűen csak megvolt a maga egyedi íze, ami megkülönböztette. A többi zöldség gyakran oldalpillantást vetett egymásra, amikor a piros paprika a közelben volt, mintha azon gondolkodtak volna, hogy mitől olyan **különleges**. Egy nap, egy különösen heves esőzés után a piros paprika eltűnt. Az összes többi zöldség mindenütt kereste, de semmi nyoma nem volt annak, hogy hová tűnhetett. Megkérdezték a **Napot** és a **Holdat**, hogy láttak-e valamit, de még ők is értetlenül álltak az eltűnése előtt. Ahogy a napokból hetek lettek, és a piros paprikának még mindig nem volt nyoma, a megmaradt zöldségek morálja kezdett megkopni. Már nem énekeltek és táncoltak úgy, mint régen; úgy tűnt, hogy minden nevetésük eltűnt a **barátjukkal együtt**.

Végül egy reggel, amikor mindannyian összegyűltek, és a veszteségüket siratták, hallották, hogy egy halk hang szólítja őket a távolból. Gyengének és fáradtnak hangzott, de nem lehetett **félreérteni**, hogy kihez tartozik - a piros paprikához! A piros paprika nagy kalandban volt része. Egy reggel arra ébredt, hogy egy furcsa, új földön találja magát, teljesen ismeretlen **növények** és állatok között. Mindent

Rode paprika

De rode paprika was altijd een beetje anders dan de andere groenten in de **tuin**. Het was niet dat het beter of slechter was, maar het had gewoon zijn eigen unieke smaak die het onderscheidde. De andere groenten keken elkaar vaak zijdelings aan wanneer de rode paprika in de buurt was, alsof ze zich afvroegen wat hem zo **speciaal maakte**. Op een dag, na een bijzonder hevige regenbui, werd de rode paprika vermist. Alle andere groenten zochten er hoog en laag naar, maar er was geen spoor van waar het gebleven kon zijn. Ze vroegen de **zon** en **de maan** of zij iets gezien hadden, maar zelfs zij leken verbijsterd door de verdwijning. Naarmate de dagen overgingen in weken zonder enig teken van de rode paprika, begon het moreel onder de overgebleven groenten te tanen. Ze stopten met zingen en dansen zoals ze gewend waren; al hun gelach leek samen met hun **vriend** verdwenen te zijn.

Eindelijk, op een morgen, toen zij allen tezamen hun verlies betreurden, hoorden zij een zwakke stem uit de verte tot hen roepen. Het klonk zwak en vermoeid, maar er was geen **twijfel mogelijk van** wie het was - het was de rode paprika! De rode paprika had een heel avontuur beleefd. Op een morgen werd hij wakker in een vreemd, nieuw land, omringd door onbekende

megtett, hogy összebarátkozzon velük, de bármennyire is próbálkozott, úgy tűnt, egyikükkel sem tudott kapcsolatot teremteni. Úgy tűnt, hogy mindannyian más **nyelven** beszélnek, amit a piros paprika egyszerűen nem értett. Magányos és ijesztő volt ezen az új helyen, de nem volt hajlandó feladni a reményt. Végül, hetekig tartó keresgélés után talált egy utat, amely hazavezette. Amikor végre visszaérkezett a kertbe, ott várt rá az összes régi barátja - és nagyon örültek neki! A piros paprika ekkor döbbent rá, hogy bár kalandjai időnként messzire viszik otthonától, szerettei között mindig lesz számára egy **különleges** hely.

A piros paprika ma különösen csípősnek érezte magát. Csípős lendülettel és tűzzel a gyomrában ébredt, és nem tehetett mást, minthogy megosztotta jó hangulatát mindenkivel, akivel csak találkozott. Végigtáncolt a kertben, és minden barátját egy szívélyes "helló!" és egy széles mosollyal üdvözölte. Még a mogorva, öreg répa is, akinek soha nem volt semmi kedves mondanivalója, mosolygott, amikor a piros paprika köszöntötte. Mindenkit vonzott a ragályos **boldogsága** - lehetetlen volt nem jól érezni magad a piros paprika közelében. Ahogy kezdett leszállni az este, a piros paprika **energiája** végül kezdett elfogyni. Mindenkinek jó éjszakát kívánt, és lefeküdt aludni, elégedetten tudva, hogy mindenkinek egy kicsit **feldobta a** napját.

planten en dieren. Hij deed zijn best om vriendschap met hen te sluiten, maar hoe hard hij ook probeerde, hij kon met geen van hen een band opbouwen. Ze leken allemaal een andere **taal** te spreken die de rode paprika gewoon niet kon verstaan. Het was eenzaam en eng op deze nieuwe plek, maar het weigerde de hoop op te geven. Eindelijk, na weken zoeken, vond hij een pad dat terug naar huis leidde. Toen hij eindelijk weer in de tuin aankwam, stonden al zijn oude vrienden hem op te wachten - en ze waren zo blij hem te zien! De rode paprika besefte toen dat, ook al brachten zijn avonturen hem soms ver weg van huis, er altijd een **speciale** plaats voor hem zou zijn bij zijn dierbaren.

De rode paprika voelde zich vandaag extra pikant. Hij was wakker geworden met pit en vuur in zijn buik, en kon het niet laten om zijn goede humeur te delen met iedereen die hij tegenkwam. Hij danste door de tuin en begroette al zijn vrienden met een hartelijk "hallo!" en een brede glimlach. Zelfs de knorrige oude raap die nooit iets aardigs te zeggen had, leek te **glimlachen** toen de rode paprika hallo zei. Iedereen werd gewoon aangetrokken door zijn aanstekelijke **vrolijkheid - het** was onmogelijk om je niet goed te voelen in de buurt van de rode paprika. Toen de avond begon te vallen, begon de **energie** van de rode paprika eindelijk af te nemen. Hij wenste iedereen een goedenacht en ging naar bed, tevreden wetende dat hij ieders dag een beetje had **opgefleurd**.

Értelmezési kérdések

1. Miben különbözött a piros paprika a többi zöldségtől?

2. Miért nézett a többi zöldség féloldalasan a piros paprikára?

3. Mi történt a piros paprikával az eső után?

4. Hogyan érezte magát a piros paprika a kalandjaiban?

5. Miért volt ok az ünneplésre a piros paprika visszatérése?

6. Hogyan érezte magát mindenki a piros paprikától?

7. Mit csinál a piros paprika éjszaka?

8. Milyen hangulatban volt a piros paprika, amikor felébredt?

9. Hogyan hatott a piros paprika hangulata a többi zöldségre?

10. Mi volt a piros paprika célja a mai napra?

Begrip vragen

1. Wat maakte de rode paprika anders dan de andere groenten?

2. Waarom wierpen de andere groenten een zijdelingse blik op de rode paprika?

3. Wat gebeurde er met de rode paprika na de regenbui?

4. Wat vond de rode paprika van zijn avonturen?

5. Waarom was de terugkeer van de rode paprika zo'n reden voor een feestje?

6. Hoe liet de rode paprika iedereen zich voelen?

7. Wat doet de rode paprika 's nachts?

8. In wat voor stemming was de rode paprika toen hij wakker werd?

9. Welke invloed had de stemming van de rode paprika op de andere groenten?

10. Wat was het doel van de rode paprika voor de dag?

Széchenyi Gyógyfürdő

A budapesti Széchenyi Gyógyfürdőt a világ egyik legszebb és legpihentetőbb fürdőjének tartják. Egy nő számára pedig éppen a személyes paradicsommá akartak **válni**. Mindig is szeretett időt tölteni a fürdőben, de az utóbbi időben stresszesebbnek érezte magát, mint valaha. A munkája felgyülemlett, és a **társasági** élete is szenvedett emiatt. Szüksége volt egy kis pihenésre, és mi lenne jobb hely a kikapcsolódásra, mint a fürdő? Így hát összepakolta a táskáját a legszükségesebb dolgokkal - fürdőruha, törölköző, naptej -, és elindult egy napra kikapcsolódni. Amint megérkezett, érezte, hogy a feszültség elolvad a testéből. Átöltözött **fürdőruhába**, és az egyik medencébe ment. A meleg víz **mennyei** érzés volt a bőrén, és elégedetten felsóhajtott, miközben boldog nyugalomban úszott. A következő néhány órát azzal töltötte, hogy medencéről medencére járva kipróbálta a különböző hőmérsékletű és kezelésű medencéket. Mire készen állt a távozásra, már új **nőnek** érezte magát.

Bőre puha és ragyogó volt a hidratáló termékektől, izmai ellazultak, elméje pedig nyugodt és tiszta volt. Ahogy kisétált a napfényre, tudta, hogy ez egy olyan

Széchenyi Thermale Baden

De Széchenyi Thermale Baden in Boedapest behoren naar verluidt tot de mooiste en meest ontspannende baden ter wereld. En voor een vrouw stonden ze op het punt haar persoonlijke paradijs **te worden**. Ze had altijd graag tijd doorgebracht in de baden, maar de laatste tijd voelde ze zich meer gestrest dan ooit. Haar werk stapelde zich op en haar **sociale** leven leed eronder. Ze had een pauze nodig, en waar kan je beter ontspannen dan in de baden? Dus pakte ze haar tas in met alles wat ze nodig had - badpak, handdoek, zonnebrandcrème - en vertrok voor een dagje ontspanning. Zodra ze aankwam, voelde ze de spanning van haar lichaam wegsmelten. Ze kleedde zich om in haar **zwempak** en ging naar een van de zwembaden. Het warme water voelde **heerlijk** aan op haar huid, en ze slaakte een tevreden zucht terwijl ze ronddobberde in een zalige rust. Ze bracht de volgende uren door met van zwembad naar zwembad te gaan en alle verschillende temperaturen en behandelingen uit te proberen. Tegen de tijd dat ze klaar was om te vertrekken, voelde ze zich als een nieuwe **vrouw**.

Haar huid was zacht en glanzend door alle

nap lesz, amelyre mindig **emlékezni fog** - egy olyan nap, amikor végre megtalálta az igazi kikapcsolódást. A nő a következő hónapokban sokszor visszatért a fürdőbe, és minden alkalommal érezte, hogy a stressz elolvad. Ez lett a boldogsága helye, egy olyan hely, ahová el tudott menni, hogy **elfelejtse** minden gondját, és csak pihenjen. És bár soha nem látta a többi fürdővendéget, tudta, hogy mindannyian ugyanazért vannak ott - hogy egy kis nyugalmat találjanak a rohanó életükben. Egy nap, amikor éppen távozni készült a fürdőből, **meghallotta, hogy** két nő egy új fürdőhelyről beszélget, amely éppen most nyílt meg. Úgy hangzott, mintha még a Széchenyi Gyógyfürdőnél is fényűzőbb lenne, és a nő nem tudta megállni, hogy ne **nézze meg**.

Amikor megérkezett, gyorsan rájött, hogy a másik fürdő semmi az ő szeretett fürdőjéhez képest. Túl **zsúfolt** volt, túl zajos, és egyáltalán nem volt pihentető. Perceken belül távozott, és megfogadta, hogy soha többé nem tér vissza. A nő még hosszú évekig látogatta a Széchenyi Gyógyfürdőt, még azután is, hogy **nyugdíjba vonult**. Ez lett a második otthona, és összebarátkozott a személyzet néhány tagjával, akik mindig emlékeztek a nevére és **mosolyogva** üdvözölték.

vochtinbrengende producten, haar spieren waren ontspannen en haar geest was kalm en helder. Toen ze naar buiten liep, in het zonlicht, wist ze dat dit een dag zou worden die ze **zich altijd zou herinneren** - een dag waarop ze eindelijk echte ontspanning vond. De vrouw keerde de volgende maanden vele malen terug naar de baden, en elke keer voelde ze haar stress wegsmelten. Het werd haar geluksplek, een plek waar ze al haar problemen kon **vergeten** en zich kon ontspannen. En hoewel ze de andere badgasten nooit zag, wist ze dat ze er allemaal om dezelfde reden waren - om een beetje rust te vinden in hun hectische leven. Op een dag, toen ze zich klaarmaakte om de baden te verlaten, **hoorde** ze twee vrouwen praten over een nieuw kuuroord dat net geopend was. Het klonk alsof het nog luxueuzer zou zijn dan de Széchenyi Thermale Baden, en de vrouw kon het niet laten **om** er een kijkje te nemen.

Toen ze aankwam, besefte ze al snel dat het andere kuuroord niets was vergeleken met haar geliefde baden. Het was er te **druk**, te lawaaierig, en helemaal niet ontspannend. Ze vertrok binnen enkele minuten en zwoer nooit meer terug te keren. De vrouw bleef de Széchenyi Thermal Baths nog vele jaren bezoeken, zelfs nadat ze **met pensioen was gegaan**. Het werd haar tweede thuis, en ze sloot vriendschap met sommige van de medewerkers die altijd haar naam herinnerden en haar met een **glimlach** begroetten.

Értelmezési kérdések

1. Milyen a budapesti Széchenyi Gyógyfürdő?

2. Mit szeretett mindig is csinálni a nő?

3. Mi történt a nővel az utóbbi időben?

4. Mire volt szüksége a nőnek?

5. Mit csomagolt a nő a fürdőben töltött napjára?

6. Mit érzett a nő, amikor a fürdőbe ért?

7. Mit csinált az asszony, amíg a fürdőben volt?

8. Mit érzett a nő, amikor elhagyta a fürdőt?

9. Mit hallott a nő, miközben készült elhagyni a fürdőt?

10. Mit csinált a nő, amikor megérkezett az új fürdőbe?

Begrip vragen

1. Wat zijn de Széchenyi Thermen in Boedapest?

2. Wat deed de vrouw altijd zo graag?

3. Wat was er de laatste tijd met de vrouw gebeurd?

4. Wat had de vrouw nodig?

5. Wat heeft de vrouw ingepakt voor haar dag in de baden?

6. Hoe voelde de vrouw zich toen ze bij de baden aankwam?

7. Wat deed de vrouw terwijl ze in de baden was?

8. Hoe voelde de vrouw zich toen ze de baden verliet?

9. Wat hoorde de vrouw toen ze zich klaarmaakte om de baden te verlaten?

10. Wat deed de vrouw toen ze in het nieuwe kuuroord aankwam?

A strandon

Napfelkelte után a hullámok hangosabbak, és a homok a dagály felett fehér. Lesétálok a partra, **csodálom** a tengert és a napot. A lábujjaim érzik a kagylók barázdáit. A homok hideg a lábujjaimon. Mosolygok és továbbmegyek. A dagály magasan áll, ezért vigyáznom kell, nehogy belehúzódjak. Végigsétálok a vízparton, és gyönyörködöm a tengerben. **Gyönyörű a** napfelkelte, és a hullámok zúgnak. Olyan békésnek érzem magam. Egy olyan helyre érek, ahol egy szikla van. Leülök és nézem a hullámokat. A víz olyan kék, az ég pedig olyan **narancssárga**. Úgy érzem magam, mintha álmodnék. Behunyom a szemem, és csak hallgatom a hullámokat. Sokáig ültem ott, amíg meg nem hallottam, hogy valaki a nevemen szólít.

Kinyitom a szemem, és látom, hogy anyám felém tart. Aggódó arckifejezéssel. Mosolygok és integetek, mire ő **megnyugszik**. "Kíváncsi voltam, hová mentél" - mondja. "Örülök, hogy jól érzed magad a tengerparton." Azt felelem: "Igen." "Olyan gyönyörű itt." "Tudom", mondja. "Amikor annyi idős voltam, mint te, mindig ide jártam." "Tényleg?" Kérdezem. "Igen", válaszolja. "Ez egy különleges hely." "Találkoztál itt valaha különleges emberrel?" Kérdezem. "Igen", válaszolja mosolyogva. "Az apáddal." "Tényleg?" Mondom **meglepődve**. "Igen",

Op het strand

Na zonsopgang zijn de golven luider en het zand boven
de vloed is wit. Ik loop naar het strand en **bewonder**
de zee en de zon. Mijn tenen voelen de groeven van
schelpen. Het zand is koud aan mijn tenen. Ik glimlach
en loop door. Het is vloed, dus ik moet oppassen dat
ik er niet in word getrokken. Ik loop langs de waterkant
en bewonder de zee. De zonsopgang is **prachtig**, en
de golven beuken. Ik voel me zo vredig. Ik kom op een
plek waar een rots uitsteekt. Ik ga zitten en kijk naar de
golven. Het water is zo blauw en de lucht is zo **oranje**.
Ik voel me alsof ik in een droom ben. Ik sluit mijn ogen
en luister alleen maar naar de golven. Ik zat daar een
hele tijd, tot ik iemand mijn naam hoorde roepen.

Ik open mijn ogen en zie mijn moeder naar me toe
lopen. Ze heeft een bezorgde blik op haar gezicht. Ik
glimlach en zwaai, en ze **ontspant zich**. "Ik vroeg me
al af waar je was," zegt ze. "Ik ben blij dat je van het
strand geniet." Ik antwoord: "Dat doe ik." "Het is hier
zo mooi." "Ik weet het," zegt ze. "Ik kwam hier altijd
toen ik zo oud was als jij." "Echt waar?" Vraag ik. "Ja,"
antwoordt ze. "Het is een speciale plek." "Heb je hier
ooit een speciaal iemand ontmoet?" Vraag ik. "Ik wel,"
antwoordt ze met een glimlach. "Je vader." "Echt waar?"
Zeg ik, **verbaasd**. "Ja," zegt ze. "We kwamen hier altijd

mondja. "Régen mindig együtt jártunk ide. Itt szerettünk egymásba. " Mosolygok, **elképzelem, ahogy** a szüleim ezen a gyönyörű tengerparton szerelembe esnek. "Ez egy különleges hely" - ismétli meg. "Örülök, hogy ma idejöttél."

Még egy darabig ott ülünk, **nézzük** a hullámokat és a naplementét. Aztán felállunk, és visszasétálunk a strandtörülközőinkhez. Lefekszem és nézem a csillagokat. Olyan boldognak és elégedettnek érzem magam. A hullámok most már hangosabbak, és a homok hideg. A nap lenyugszik, és hűvös szellő fúj. A hullámok nekicsapódnak a partnak, és a levegőben ott van a só illata. Tökéletes este a tengerparton lenni. Sétálok a parton, **hallgatom a** hullámok zaját, és nézem a naplementét. Látom, hogy egy csapat ember ül a homokban, nevetgélnek és viccelődnek. Úgy tűnik, jól érzik magukat. Odasétálok hozzájuk, és megkérdezem, hogy csatlakozhatok-e hozzájuk. Igent mondanak, és az este hátralévő részét beszélgetéssel, nevetéssel és a **naplemente** nézésével töltjük. Tökéletes este volt. A csoporttal addig beszélgetünk, amíg a nap le nem megy. Történeteket és vicceket mesélünk, és mindannyian jól érezzük magunkat. Ahogy az éjszaka kezd leszállni, mindannyian fáradtnak érezzük magunkat. **Búcsúcsókot** adunk egymásnak, és elválnak útjaink. Boldogan és elégedetten sétálok vissza a szállodámba. El sem hiszem, hogy milyen szép itt.

samen. Het is waar we verliefd werden. " Ik glimlach en **stel me voor hoe** mijn ouders verliefd werden op dit prachtige strand. "Het is een speciale plek," herhaalt ze. "Ik ben blij dat je hier vandaag bent."

We zitten daar nog een tijdje, **kijken naar** de golven en de zonsondergang. Dan staan we op en lopen terug naar onze strandhanddoeken. Ik ga liggen en kijk naar de sterren. Ik voel me zo gelukkig en tevreden. De golven zijn nu luider, en het zand is koud. De zon gaat onder en er waait een koel briesje. De golven beuken tegen de kust, en de geur van zout hangt in de lucht. Het is een perfecte avond om op het strand te zijn. Ik loop langs het strand, **luister** naar het geluid van de golven en kijk naar de zonsondergang. Ik zie een groep mensen op het zand zitten, lachend en grapjes makend. Ze zien eruit alsof ze het naar hun zin hebben. Ik loop naar ze toe en vraag of ik erbij mag komen zitten. Ze zeggen ja, en we brengen de rest van de avond door met praten, lachen en kijken naar de **zonsondergang**. Het is een perfecte avond. De groep en ik praten tot de zon ondergaat. We delen verhalen en grappen, en we hebben allemaal een geweldige tijd. Als de avond begint te vallen, beginnen we allemaal moe te worden. We kussen elkaar **vaarwel** en gaan uit elkaar. Ik loop terug naar mijn hotel en voel me gelukkig en tevreden. Ik kan niet geloven hoe mooi het hier is.

Értelmezési kérdések

1. Hová megy az elbeszélő, miután felébredt?

2. Mit csodál az elbeszélő, miközben a tengerparton sétál?

3. Mire kell figyelnie az elbeszélőnek, amikor a tengerparton sétál?

4. Hol ül le az elbeszélő, hogy élvezze a kilátást?

5. Mennyi ideig ül ott a narrátor?

6. Kit lát az elbeszélő, amikor újra kinyitja a szemét?

7. Mit mond az elbeszélő édesanyja?

8. Miről beszélgetnek az elbeszélő és az emberek, akikkel találkozik?

Begrip vragen

1. Waar gaat de vertelster heen nadat ze wakker is geworden?

2. Wat bewondert de vertelster als ze langs het strand loopt?

3. Waar moet de vertelster op letten als ze langs het strand loopt?

4. Waar gaat de verteller zitten om van het uitzicht te genieten?

5. Hoe lang blijft de verteller daar zitten?

6. Wie ziet de verteller als ze haar ogen weer opent?

7. Wat zegt de moeder van de verteller?

8. Waar praten de verteller en de mensen die ze ontmoet over?

Kempingezés a tónál

A tó felé sétálok, **csodálom a** táj békéjét. A nap rásüt a kis tóra, és a víz olyan, mintha üveglap lenne. Az egyetlen mozgás az időnkénti fodrozódás, amit egy-egy hal okoz, amelyik **megtörik** a felszínen. Úgy tűnik, még a madarak is szünetet tartanak a hőségben, csak a kabócák hangja tölti be a levegőt. A békét **hirtelen** egy hangos csobbanás töri meg. Egy nagy **hal** ugrott ki a vízből, és megpróbált elkapni egy szitakötőt. A hal célt téveszt, és egy csobbanással visszaesik a vízbe. "Hűha", gondolom magamban, "ez egy nagy hal volt!". Körülnéztem, hogy látta-e valaki más is, de senki sem volt a közelben. Azt hiszem, majd szólnom kell nekik, ha visszatérek a táborba.

A hőség **nyomasztó**, nehéz levegőt venni. A levegő sűrű és nehéz, mintha egy takaró tekeredne köréd. Az egyetlen enyhülés a vízben van. Hűvös és frissítő, mint egy hideg ital egy forró napon. Mély levegőt veszek, és belemerülök a vízbe. Azonnali megkönnyebbülést érzek, ahogy a hűvös víz körülvesz. Leúszom a fenékig, majd vissza a felszínre, érzem, ahogy a víz hűsíti a testemet. Folytatom az **úszást**, élvezem a hőségtől való megpihenést. Egy idő után kiszállok a vízből, és lefekszem a fűre, hogy a nap megszárítsa a

Kamperen aan het meer

Ik loop naar het meer en **bewonder** de vredigheid van het tafereel. De zon schijnt op het meertje, waardoor het water een glazen plaat lijkt. De enige beweging is af en toe een rimpeling van een vis **die** het wateroppervlak breekt. Zelfs de vogels lijken een pauze te nemen van de hitte, met alleen het geluid van cicaden die de lucht vullen. **Plotseling** wordt de rust verbroken door een luide plons. Een grote **vis** is uit het water gesprongen, in een poging een libel te vangen. De vis mist zijn doel en valt met een plons terug in het water. "Wow," denk ik bij mezelf, "dat was een grote vis!." Ik keek om me heen om te zien of iemand anders hem had gezien, maar er was niemand in de buurt. Ik denk dat ik het ze zal moeten vertellen als ik terug ben in het kamp.

De hitte is **drukkend**, waardoor het moeilijk is om te ademen. De lucht is dik en zwaar, als een deken om je heen gewikkeld. De enige verlichting is in het water. Het is koel en verfrissend, als een koud drankje op een warme dag. Ik haal diep adem en duik in het water. De opluchting is onmiddellijk als het koele water me omringt. Ik zwem naar de bodem en dan weer naar de oppervlakte, terwijl ik voel hoe het water mijn lichaam afkoelt. Ik blijf baantjes trekken en geniet van de

testemet. Lehunyom a szemem, és álomba merülök, a **kabócák** hangja mély álomba ringat. Hagyom, hogy a nap kisüsse a vizet a bőrömből. Érzem, hogy a bőröm kipirosodik, de nem érdekel. Túl forró vagyok ahhoz, hogy törődjek vele.A következő pillanatban már lemenőben van a nap. Az ég gyönyörű narancssárga, rózsaszín és lila csíkokkal. A hőség eltűnik, helyét hűvös **szellő** veszi át.

Felkelek, és felöltözöm, felfrissülve és megfiatalodva érzem magam. Mélyet **szippantok** a hűvös levegőből, és mosolygok. Jó érzés élni. Visszasétálok a táborhelyre, és csodálom, ahogy a színek táncolnak az égen. Látom a távolban égő tábortüzet, és érzem a füstöt a levegőben. Elmosolyodom és **felgyorsítom** a lépteimet. Készen állok a pihenésre és az este hátralévő részének élvezésére. Besétálok a táborhelyre, és látom, hogy mindenki a tűz köré gyűlt. **Nevetnek** és viccelődnek, és látom, hogy a tűz tükröződik a szemükben. Elmosolyodom, és leülök a barátaim mellé. Jó újra itt lenni. Másnap reggel korán kelek, és elkezdem összepakolni a holmimat. Alig várom, hogy újra az ösvényen legyek, és folytassam az utamat. Elbúcsúzom a barátaimtól és elindulok. Menet közben még egyszer utoljára megnézem a **táborhelyet**. Látom, hogy a tűz még mindig ég a távolban, és érzem a füst szagát a levegőben.

afkoeling van de hitte. Na een tijdje kom ik uit het water en ga op het gras liggen, zodat de zon mijn lichaam kan drogen. Ik sluit mijn ogen en val in slaap, het geluid van de **cicaden** brengt me in een diepe slaap. Ik laat de zon het water uit mijn huid bakken. Ik voel dat mijn huid rood wordt, maar dat kan me niet schelen. Ik heb het te warm om me zorgen te maken. Het volgende dat ik weet, is dat de zon ondergaat. De lucht is prachtig oranje, met roze en paarse strepen. De hitte is weg, vervangen door een koel **briesje**.

Ik sta op en trek mijn kleren weer aan. Ik voel me verfrist en verjongd. Ik haal diep **adem** uit de koele lucht en glimlach. Het voelt goed om te leven. Ik loop terug naar de camping en bewonder de manier waarop de kleuren in de lucht dansen. In de verte zie ik het kampvuur branden, en ik ruik de rook in de lucht.
Ik glimlach en **versnel** mijn pas. Ik ben klaar om te ontspannen en te genieten van de rest van mijn avond. Ik loop de camping op en zie dat iedereen rond het vuur zit. Ze **lachen** en maken grapjes, en ik kan het vuur in hun ogen zien weerkaatsen. Ik glimlach en ga naast mijn vrienden zitten. Het is goed om terug te zijn. De volgende ochtend sta ik vroeg op en begin mijn spullen in te pakken. Ik sta te popelen om weer op pad te gaan en mijn reis voort te zetten. Ik neem afscheid van mijn vrienden en begin weg te lopen. Terwijl ik loop, werp ik nog een laatste blik op de **camping**. In de verte zie ik het vuur nog branden en ik ruik de rook in de lucht.

Értelmezési kérdések

1. Hová megy a járókelő?

2. Milyen időjárás van?

3. Hogy néz ki a víz?

4. Hogyan reagál a járókelő a melegre?

5. Mit csinál a hal?

6. Miért van egyedül a járókelő?

7. Milyen érzés a víz?

8. Hogyan érzi magát a járókelő az úszás után?

9. Milyen napszakban ébred a járókelő?

10. Hová megy a járkáló, amikor elhagyja a tábort?

Begrip vragen

1. Waar gaat de wandelaar heen?

2. Wat voor weer is het?

3. Hoe ziet het water eruit?

4. Hoe reageert de wandelaar op de hitte?

5. Wat doet de vis?

6. Waarom is de wandelaar alleen?

7. Hoe voelt het water aan?

8. Hoe voelt de wandelaar zich na het zwemmen?

9. Hoe laat is het als de wandelaar wakker wordt?

10. Waar gaat de wandelaar heen als hij het kamp verlaat?

A ház

Múlt héten költöztem be az új házamba, és annyira **izgatott** vagyok! Sokkal nagyobb, mint a régi házam, és van egy nagy hátsó kertje. Alig várom már, hogy a barátaim átjöjjenek hozzánk grillezni és bulizni. A **kedvenc** részem az új hálószobám. Olyan nagy és világos, és rengeteg helyem van a dolgaimnak. Nagyon örülök az új házamnak, és azt hiszem, nagyon boldog leszek itt. Úgy döntöttem, hogy egy kicsit jobban felfedezem a házat. Felmentem a második emeletre, és elindultam a konyha felé, amikor megláttam egy nagy fekete pókot a falon! Sikoltottam és leszaladtam a földszintre. Annyira **megijedtem**! De néhány perc múlva megnyugodtam, és úgy döntöttem, hogy visszamegyek az emeletre. Lassan eljutottam a konyhába, és láttam, hogy a pók eltűnt. Annyira megkönnyebbültem! Visszamentem a földszintre, és úgy döntöttem, hogy kimegyek, hogy felfedezzem a **hátsó udvart**. Olyan nagy volt! Nem tudtam elhinni. Láttam egy hintát a sarokban és egy csúszdát. Láttam még egy kosárlabdahálót és egy **trambulin**. Annyira izgatott voltam!

Alig várom, hogy használhassám ezeket az új dolgokat. A **szomszédok** átjöttek és bemutatkoztak. Nagyon kedvesnek tűntek, és egy darabig beszélgettünk. Meghívtak a jövő hétvégi grillpartijukra, és mondtam,

Het Huis

Ik ben vorige week in mijn nieuwe huis getrokken, en ik ben zo **opgewonden**! Het is zoveel groter dan mijn oude, en het heeft een grote achtertuin. Ik kan niet wachten om vrienden uit te nodigen voor BBQ's en feestjes. Mijn **favoriete** deel is mijn nieuwe slaapkamer. Hij is zo groot en licht, en ik heb veel ruimte om al mijn spullen op te bergen. Ik ben echt blij met mijn nieuwe huis en ik denk dat ik hier heel gelukkig zal zijn. Ik besloot om het huis nog wat verder te verkennen. Ik ging naar boven naar de tweede verdieping en ging op weg naar de keuken toen ik een grote zwarte spin op de muur zag! Ik gilde en rende naar beneden. Ik was zo **bang**! Maar na een paar minuten was ik gekalmeerd en besloot ik terug naar boven te gaan. Ik ging langzaam naar de keuken en zag dat de spin weg was. Ik was zo opgelucht! Ik ging terug naar beneden en besloot naar buiten te gaan om de **achtertuin te verkennen**. Hij was zo groot! Ik kon het niet geloven. Ik zag een schommel in de hoek en een glijbaan. Ik zag ook een basketbalnet en een **trampoline**. Ik was zo opgewonden!

Ik kan niet wachten om al deze nieuwe spullen te gebruiken. De **buren** kwamen langs en stelden zich voor. Ze leken erg aardig, en we hebben een tijdje gepraat. Ze nodigden me uit voor hun BBQ volgend weekend, en ik zei dat ik graag zou komen. Ik had een

hogy szívesen megyek. Nagyszerű volt az első hetem az új házamban, és izgatottan várom az előttem álló új kalandokat. Ma ismét felfedezőútra megyek a hátsó kertbe, és megnézem, mit találok még. Ki tudja, talán még **kincset** is találok. Alig várom, hogy lássam, mit hoz a következő hét! A következő héten ismét felfedezőútra indultam a hátsó kertben, és találtam egy **titkos** kertet. Annyira gyönyörű volt! Mindenhol virágok voltak, és egy kis tavacska, amiben halak voltak. Láttam egy hintát is, amit még nem láttam. Annyira izgatott voltam, hogy megtaláltam ezt a titkos kertet, és alig várom, hogy még jobban felfedezzem. Annyira **gyönyörű** volt!

Mindenütt virágok voltak, és egy kis tavacska, benne halakkal. Láttam egy **hintát** is, amit még nem láttam. Annyira izgatott voltam, hogy megtaláltam ezt a titkos kertet, és alig várom, hogy még jobban felfedezzem. Az új szobámat is imádtam. Olyan nagy és világos volt, és a falakon már a kedvenc zenekaraim poszterei voltak. Még saját **bútort** sem kellett hoznom, mert már volt itt egy ágy, egy komód és egy íróasztal. Ez lesz a legjobb évem! Kicsit ideges voltam, hogy egy új **iskolában** kezdek, de az összes új szomszédom nagyon barátságos volt. Még egy lánnyal is találkoztam, aki a szomszédban lakik, és azt mondta, hogy az első nap elkísér az iskolába.

geweldige eerste week in mijn nieuwe huis, en ik ben opgewonden over alle nieuwe avonturen die in het verschiet liggen. Vandaag ga ik weer op verkenning in de achtertuin en kijken wat ik nog meer kan vinden. Wie weet, misschien vind ik wel een **schat**. Ik kan niet wachten om te zien wat de volgende week brengt! De volgende week ging ik weer op verkenning in de achtertuin, en ik vond een **geheime** tuin. Het was zo mooi! Er waren overal bloemen en een kleine vijver met vissen erin. Ik zag ook een schommel die ik nog niet eerder had gezien. Ik was zo opgewonden toen ik deze geheime tuin vond, en ik kan niet wachten om hem verder te verkennen. Het was zo **mooi**!

Er waren overal bloemen en een kleine vijver met vissen erin. Ik zag ook een **schommel** die ik nog niet eerder had gezien. Ik was zo opgewonden toen ik deze geheime tuin vond, en ik kan niet wachten om hem verder te verkennen. Ik vond mijn nieuwe kamer ook geweldig. Hij was zo groot en licht, en er hingen al posters van mijn favoriete bands aan de muur. Ik hoefde niet eens mijn eigen **meubels** mee te nemen, want er stonden al een bed, een dressoir en een bureau. Dit wordt het beste jaar ooit! Ik was een beetje nerveus om op een nieuwe **school** te beginnen, maar al mijn nieuwe buren zijn zo vriendelijk. Ik heb zelfs een meisje ontmoet dat naast me woont, en ze zegt dat ze op mijn eerste dag met me naar school zal lopen.

Értelmezési kérdések

1. Hol él az illető?

2. Hogy tetszik az illetőnek az új házban?

3. Mi az illető kedvenc része az új házban?

4. Mit talált az illető a kertben?

5. Kik a szomszédok?

6. Hogyan érezte magát az illető az első napokban az új házban?

7. Mi a személy kedvenc része az új szobában?

8. Mit tervez a személy holnapra?

9. Mi volt a legjobb része a személy első hetének az új házban?

10. Mi minden van a személy új szobájában?

Begrip vragen

1. Waar woont de persoon?

2. Hoe vindt de persoon het in het nieuwe huis?

3. Wat is het favoriete deel van het nieuwe huis van de persoon?

4. Wat heeft de persoon in de tuin gevonden?

5. Wie zijn de buren?

6. Hoe voelde de persoon zich de eerste dagen in het nieuwe huis?

7. Wat is het favoriete deel van de nieuwe kamer van de persoon?

8. Wat is de persoon van plan morgen te doen?

9. Wat was het beste deel van de eerste week van de persoon in het nieuwe huis?

10. Wat is er allemaal in de nieuwe kamer van de persoon?

A vonaton

Rohantam a vasútállomásra, de elkéstem. A vonat már elindult nélkülem. Olyan **dühösnek** és **csalódottnak** éreztem magam. Azt terveztem, hogy vonattal meglátogatom a vidéken élő nagyszüleimet, de most egy egész órát kellett várnom a következő vonatra. Úgy döntöttem, inkább sétálok egy kicsit a városban, és megpróbáltam elfelejteni az elszalasztott lehetőséget. Ahogy sétáltam, elkezdtem **álmodozni arról a** sok helyről, ahová a **vonatokkal** el lehet jutni. Hirtelen már nem is voltam olyan ideges. Visszamentem az állomásra, és nem tudtam nem észrevenni a nagy piros-fehér-kék mozdonyt, amely felém robogott. Csak amikor meglátom, hogy a **kalauz** integet nekem az ablakból, akkor jövök rá, hogy ez a vonat nekem szól. Felszállok a vonatra, megtalálom a helyem, és elhelyezkedem a hosszúnak ígérkező útra.

Ahogy kihajtunk az állomásról, nem tehetek róla, de azon tűnődöm, hová fog ez a vonat vinni. Zöld **mezőkön** és kék folyókon át, hegyek és völgyek mellett, nem lehet tudni, hová fog ez az öreg vonat vezetni. Ahogy az éjszaka kezd leszállni, **békés** álomba merülök, amit a síneken haladó kocsik **ritmikus** mozgása nyugtat meg. Amikor újra eljön a reggel, kinyitom a szemem, és azt látom, hogy egy

In de trein

Ik rende naar het treinstation, maar ik was te laat.
De trein was al vertrokken zonder mij. Ik voelde me
zo **boos** en **teleurgesteld** in mezelf. Ik was van plan
om met de trein naar mijn grootouders te gaan die
op het platteland wonen, maar nu moest ik een heel
uur wachten op de volgende trein. Ik besloot in plaats
daarvan een eindje door de stad te lopen en probeerde
mijn gemiste kans te vergeten. Terwijl ik liep, begon
ik **te dagdromen** over alle plaatsen waar **treinen** je
kunnen brengen. Plotseling was ik niet meer zo van
streek. Ik liep terug naar het station en zag de grote
rood-wit-blauwe locomotief die op me af kwam rijden.
Pas als ik de **conducteur** vanuit het raam naar me zie
zwaaien, realiseer ik me dat deze trein voor mij is. Ik
stap in de trein en zoek een zitplaats. Ik ga zitten voor
wat een lange reis belooft te worden.

Terwijl we het station uitrijden, vraag ik me af waar deze
trein me heen zal brengen. Door groene **velden** en over
blauwe rivieren, langs bergen en valleien, het is niet
te zeggen waar deze oude trein heen zal gaan. Als de
nacht begint te vallen, drijf ik weg in een **vredige** slaap,
gewiegd door de **ritmische** beweging van de wagons
op de sporen beneden. Als het weer ochtend wordt,
open ik mijn ogen en zie dat we in een klein stadje

kisvárosba érkeztünk valahol a semmi közepén. A nap épp csak kibukkan a horizont mögül, amikor a helyiek elkezdenek nyüzsögni a Fő utcán; úgy néz ki, mint bármelyik másik nap, kivéve egy dolgot - a városháza közelében egy nagy tábla van kifüggesztve, amelyen az áll: "Üdvözöljük a fedélzeten!" Úgy tűnik, ez a kisváros már várt minket, pedig mi csak egy közönséges személyvonat vagyunk, amely másfelé tart. Ahogy ismét magunk mögött hagyjuk a várost, és tovább zötykölődünk, ki tudja, merre tovább, mosolygok a barátságos arcokon, amelyek búcsút intenek a kis házakból, amelyek a **szántóföldek** között állnak - tényleg elképesztő, hogy egy ilyen látszólag hétköznapi dolog mennyi örömet tud okozni pusztán azzal, hogy átutazunk. És persze ott vannak a **gyerekek**.

Kihajolok a mozdony ablakán. Mindig olyan boldoggá tesznek ragyogó szemükkel és széles vigyorukkal. Energikusan visszaintegetek nekik, mielőtt visszatérek a **kabinomba,** és helyet foglalok. Már így is hosszú nap volt, de még nincs vége, még van néhány óra, amíg elérjük a **végállomásunkat**. Előveszem a könyvemet, és olvasni kezdek, hagyom, hogy a vonat ritmikus ringatózása békés állapotba ringasson. Időnként felpillantok a kint elhaladó tájra - sosem unom meg, akárhányszor látom is. Végül az éjszaka kezd leszállni, és a távolban **csillogó** fények tűnnek fel; lassan közeledünk. Hamarosan behajtunk az állomásra, és megállunk.

ergens in niemandsland zijn aangekomen. De zon komt
net boven de horizon als de plaatselijke bevolking zich
in de hoofdstraat begint te mengen; het ziet er hier
uit als elke andere dag, behalve één ding - er hangt
een groot bord bij het stadhuis met de tekst "Welkom
aan boord!" Het lijkt erop dat dit stadje ons verwacht,
ook al zijn we maar een gewone passagierstrein op
doorreis naar elders. Terwijl we de stad weer achter
ons laten, op weg naar wie weet waar, glimlach ik om
al die vriendelijke gezichten die ons uitzwaaien vanuit
die kleine huisjes tussen **het boerenland -** het is echt
verbazingwekkend hoe iets dat zo gewoon lijkt, zoveel
vreugde kan brengen door er gewoon langs te rijden.
En dan, natuurlijk, zijn er de **kinderen**.

Ik leun uit het raam van mijn locomotief. Ze maken me
altijd zo blij met hun stralende ogen en grote grijnzen.
Ik zwaai energiek naar ze terug voordat ik terugga naar
mijn **cabine** en ga zitten. Het was al een lange dag,
maar hij is nog niet voorbij; het duurt nog een paar
uur voordat we onze **eindbestemming** bereiken. Ik
pak mijn boek en begin te lezen, terwijl het ritmische
schommelen van de trein me in een vredige toestand
brengt. Af en toe kijk ik op naar het landschap dat
buiten aan me voorbijtrekt - het verveelt nooit, hoe vaak
ik het ook zie. Uiteindelijk begint de nacht te vallen
en verschijnen er **twinkelende** lichtjes in de verte; we
komen nu in de buurt. Snel genoeg rijden we het station
binnen en komen tot stilstand.

Értelmezési kérdések

1. Hová megy a vonat?

2. Ki utazik a vonaton?

3. Mikor indul a vonat?

4. Hogyan jut fel a főhős a vonatra?

5. Honnan jön a vonat?

6. Hová megy a vonat legközelebb?

7. Mikor érkeztek az utasok?

8. Mit érez a főhős, amikor lekési a vonatot?

9. Hogyan reagál a mozdonyvezető, amikor meglátja a főhőst?

10. Miért szereti a főhős a vonatokat?

Begrip vragen

1. Waar gaat de trein heen?

2. Wie reist er met de trein?

3. Wanneer vertrekt de trein?

4. Hoe komt de hoofdpersoon op de trein?

5. Waar komt de trein vandaan?

6. Waar gaat de trein nu heen?

7. Wanneer zijn de passagiers aangekomen?

8. Hoe voelt de hoofdpersoon zich als hij de trein mist?

9. Hoe reageert de treinmachinist als hij de
hoofdpersoon ziet?

10. Waarom houdt de hoofdpersoon van treinen?

Főzés vacsora

Most délután 5 óra van, és hazafelé sétálok a munkából. **Alig vá**rom, hogy nyugodt estét tölthessek otthon a párommal. Együtt főzünk vacsorát, aztán az este hátralévő részében csak pihenünk. Jó érzés tudni, hogy ma **este nincsenek** terveim vagy kötelezettségeim. Hazaérek, és a párom már a konyhában van, és elkezdi elkészíteni a vacsoránkat. **Csodálatos** illat van itt! Főzés közben beszélgetünk, felidézzük egymás napjait, és megosztjuk egymással a munkánkkal kapcsolatos apró történeteket. A konyha a kedvenc helyiségem a lakásunkban. Imádok főzni, és különösen szeretek a párommal együtt főzni. Mindig olyan jól érezzük magunkat itt, nevetünk és viccelődünk, miközben viharosan főzünk. Ráadásul az ételek mindig **hihetetlenek, amikor együtt** dolgozunk.

Ma este az egyik kedvenc receptemet készítjük: parmezános **csirkét. A** párom a csirke panírozásával kezdi, míg én a **tűzhelyen** felforralom a szószt. Úgy dolgozunk együtt, mint egy jól olajozott gépezet, és nemsokára kész a vacsora. Leülünk a kis konyhaasztalunkhoz, **tányérokat** halmozunk fel parmezános csirkével, tésztával és salátával. Koccintunk a poharakkal, és megesszük az első falatot - és ez **mennyei!** A csirke kívül ropogós, de belül szaftos; a szósz ízletes és tökéletes; a tészta

Diner koken

Het is nu 5 uur 's middags en ik loop van mijn werk naar huis. Ik kijk **uit** naar een rustige avond thuis met mijn partner. We zullen samen eten koken en dan de rest van de avond ontspannen. Het voelt goed om te weten dat ik deze **avond** geen plannen of verplichtingen heb. Ik kom thuis en mijn partner is al in de keuken om ons eten klaar te maken. Het ruikt hier geweldig! We kletsen terwijl we koken, praten bij over elkaars dagen en delen kleine verhalen uit ons werkleven. De keuken is mijn favoriete kamer in ons appartement. Ik hou van koken, en vooral van koken met mijn partner. We hebben het hier altijd zo gezellig, we lachen en maken grapjes terwijl we koken. En het eten is altijd **heerlijk** als we **samenwerken**.

Vanavond maken we een van m'n lievelingsrecepten: Parmezaanse kip. Mijn partner begint met het paneren van de kip, terwijl ik de saus op het **fornuis** laat pruttelen. We werken samen als een goed geoliede machine en al snel is het eten klaar om op te dienen. We gaan aan onze kleine keukentafel zitten met **borden** vol met Parmezaanse kip, pasta en salade. We klinken op de glazen en nemen onze eerste hap, en het is **hemels**! De kip is knapperig van buiten maar sappig van binnen; de saus is smaakvol en perfect; de pasta is al dente gekookt... alles smaakt absoluut

al dente főtt... ma este minden teljesen tökéletes ízű. Mindketten tudjuk, hogy ez egyike volt azoknak az estéknek, amikor minden tökéletesen összeállt, miközben **ízlelgetjük a** finom étel minden egyes falatját. Az íze még jobb volt, mint az illata - ami rohadt jó volt! Viszonylag gyorsan befejezzük az étkezést, mivel egyikünk sem különösebben éhes ma, de nem sietjük el, hogy még néhány **pohár** bort élvezzünk, miközben könnyedén beszélgetünk erről-arról a témáról. Vacsora után gyorsan kitakarítunk együtt, majd átvonulunk a nappaliba, ahol a kanapén **összebújva** töltünk egy kis időt tévénézés közben.

Olyan jó érzés egymás közelében lenni egy hosszú, külön töltött **munkanap** után. Elégedettnek érzem magam. Annak ellenére, hogy nem volt egy eseménydús esténk, jó volt csak egy kis időt együtt tölteni anélkül, hogy el kellett volna hagynunk a házat. Megnéztünk egy filmet, és korán lefeküdtünk, **elégedettek voltunk az** egyszerű éjszakánkkal. Ez lett az egyik **kedvenc programunk azokon az** estéken, amikor nem akarunk kimozdulni - csak pihenünk otthon, és élvezzük egymás társaságát egy házi készítésű étel mellett. Mindig jó tudni, hogy egy hosszú nap után ide visszatérhetünk, és csak önmagunk lehetünk. **Végül** mindketten ásítozni kezdünk, ezért úgy döntünk, hogy felmegyünk az ágyba, ahol olvasunk egy kicsit, mielőtt szorosan bebújunk a takaró alá, és mélyen elalszunk.

perfect vanavond. We weten allebei dat dit een van die avonden was waarop alles perfect samenkwam en we **genieten van** elke laatste hap van onze heerlijke maaltijd. Het smaakte nog beter dan het rook, en dat was verdomd goed! We eten relatief snel, omdat geen van ons beiden vandaag honger heeft, maar we nemen de tijd om nog een paar **glazen** wijn te drinken terwijl we luchtig kletsen over van alles en nog wat. Na het eten ruimen we snel samen op en gaan dan naar de woonkamer, waar we een poosje **knuffelen** op de bank terwijl we TV kijken.

Het voelt zo fijn om dicht bij elkaar te zijn na een lange dag apart **werken**. Ik voel me voldaan. Ook al hadden we geen avond vol belevenissen, het was fijn om gewoon wat tijd met elkaar door te brengen zonder het huis uit te hoeven. We keken een film en gingen vroeg naar bed, met een **voldaan** gevoel over onze eenvoudige avond. Dit is een van onze **favoriete** dingen geworden om te doen op avonden dat we niet uit willen gaan - gewoon thuis ontspannen en genieten van elkaars gezelschap tijdens een zelfgekookte maaltijd. Het is altijd fijn om te weten dat we hier na een lange dag kunnen terugkomen en gewoon onszelf kunnen zijn. **Uiteindelijk** beginnen we allebei te geeuwen, dus besluiten we naar boven naar bed te gaan, waar we nog wat lezen voordat we dicht tegen elkaar aankruipen onder de dekens en heerlijk in slaap vallen.

Értelmezési kérdések

1. Honnan származik a narrátor?

2. Mit csinál az elbeszélő munka után?

3. Mit eszik az elbeszélő vacsorára?

4. Miért szereti az elbeszélő a konyhát?

5. Milyen ételt főz a házaspár?

6. Mit érez az elbeszélő az este végén?

7. Mi a pár kedvenc elfoglaltsága?

8. Mit csinál a pár, amikor elfárad?

9. Hol alszanak?

10. Miért szeret az elbeszélő otthon maradni?

Begrip vragen

1. Waar komt de verteller vandaan?

2. Wat doet de verteller na het werk?

3. Wat eet de verteller als avondeten?

4. Waarom houdt de verteller van de keuken?

5. Wat voor gerecht kookt het stel?

6. Hoe voelt de verteller zich aan het eind van de avond?

7. Wat is het favoriete ding van het koppel om te doen?

8. Wat doet het stel als ze moe worden?

9. Waar slapen ze?

10. Waarom blijft de verteller graag thuis?

Hazasétálok

Békés este volt, ahogy hazafelé sétáltam a munkából. Ahogy mentem, nem tudtam megállni, hogy ne mosolyogjak az emlékeken. Jó érzés volt újra a régi környékemen lenni. Integettem néhány ismerősömnek, és ők visszaintegettek. Jó volt otthon lenni. Elsétáltam a régi iskolám mellett, és **eszembe jutott az a** sok jó idő, amit a barátaimmal töltöttem. Mindig együtt sétáltunk haza, és beszélgettünk a napunkról. **Néha** megálltunk fagyizni, vagy elmentünk a parkba. Azok voltak a legjobb idők. Hiányoznak azok az idők. De most már saját családom van, és boldog vagyok az életemmel. Örülök, hogy visszatekinthetek ezekre az emlékekre és mosolyoghatok. Ezek az életem olyan részei, amelyeket mindig is nagyra fogok tartani. Azok voltak a legjobb idők. Hiányoznak azok az idők. De most már saját családom van, és boldog vagyok az életemmel. Örülök, hogy visszatekinthetek ezekre az **emlékekre** és mosolyoghatok. Olyan részei az életemnek, amelyeket mindig is nagyra fogok tartani.

Tovább sétálok, és a barátaimmal töltött szép időkre gondolok. Tudom, hogy hamarosan újra látom őket. Elindulok hazafelé, és úgy döntök, hogy egy közeli parkon keresztül sétálok. A nap már lemenőben van, és az ég **gyönyörű** narancssárga színűre változik. A

Walking Home

Het was een **rustige** avond toen ik van mijn werk naar huis liep. Terwijl ik liep, kon ik niet anders dan glimlachen bij de herinneringen. Het voelde goed om terug in mijn oude buurt te zijn. Ik zwaaide naar een paar mensen die ik kende, en zij zwaaiden terug. Het was goed om thuis te zijn. Ik liep langs mijn oude school en **herinnerde me** alle leuke tijden die ik had met mijn vrienden. We liepen altijd samen naar huis en praatten over onze dag. **Soms** stopten we om een ijsje te halen of gingen we naar het park. Dat waren de beste tijden. Ik mis die tijden. Maar nu heb ik mijn eigen familie en ik ben blij met mijn leven. Ik ben blij dat ik op die herinneringen kan terugkijken en glimlachen. Ze zijn een deel van mijn leven dat ik altijd zal koesteren. Dat waren de beste tijden. Ik mis die tijden. Maar nu heb ik mijn eigen familie en ben ik gelukkig met mijn leven. Ik ben blij dat ik kan terugkijken op die **herinneringen** en kan glimlachen. Ze zijn een deel van mijn leven dat ik altijd zal koesteren.

Ik blijf lopen, denkend aan de goede tijden die ik had met mijn vrienden. Ik weet dat ik ze snel weer zal zien. Ik ga richting mijn huis en besluit door een park in de buurt te lopen. De zon gaat onder en de lucht kleurt **prachtig** oranje. Het park is leeg, behalve een

park üres, kivéve néhány madár csicsergését a fák között. Veszek egy mély **lélegzetet** és elmosolyodom. Ahogy sétálok a parkban, látom, hogy egy hullócsillag szeli át az eget. Kívánok valamit a csillagnak, és tovább sétálok. A munkahelyi napomra gondolok, és arra, hogy milyen **békés** volt. Mosolygok magamban, és arra gondolok, milyen szerencsés vagyok, hogy ilyen remek munkám van. Hazasétálok, **érzem** a hűvös éjszakai levegőt a bőrömön. Olyan élőnek és boldognak érzem magam, csak élvezem az egyszerű tettet, hogy hazasétálok egy békés éjszakán. Olyan jól éreztem magam, hogy **fütyörészni** kezdtem. Elsétáltam néhány ember mellett az utcán, de mindenki a saját dolgával törődött.

Befordultam az utcámba, és megláttam a szomszéd macskáját, Mr. Whiskers-t, aki a verandámon ült. Köszöntem neki, és ő visszanyávogott. **Kinyitottam az** ajtót, és bementem. Annyira boldog voltam, hogy otthon vagyok. Levettem a cipőmet és lefekvéshez készülődtem. Aznap este boldogan és hálásan feküdtem le, a szívem tele volt szeretettel. Egész éjjel nyugodtan aludtam, nem aggódtam semmi miatt. Felébredtem pihentető álmomból, és az ablakomon besütő nap **fogadott.** Kikeltem az ágyból, kinyújtóztam, vettem egy mély lélegzetet, és éreztem, ahogy a hűvös levegő kitölti a tüdőmet. Az ablakomhoz sétáltam, és kinéztem, hallottam a madarak csicsergését és a **mókusok** játékát.

paar vogels die in de bomen tjilpen. Ik haal diep **adem** en glimlach. Terwijl ik door het park loop, zie ik een vallende ster door de lucht scheren. Ik doe een wens op die ster, en loop verder. Ik denk aan mijn dag op het werk en hoe **vredig** het was. Ik glimlach in mezelf, denkend aan hoe gelukkig ik ben dat ik zo'n geweldige baan heb. Ik loop naar huis en **voel** de koele nachtlucht op mijn huid. Ik voel me zo levendig en gelukkig, gewoon genietend van de eenvoudige handeling van het naar huis lopen op een vredige avond. Ik voelde me zo goed, dat ik begon te **fluiten**. Ik liep langs een paar mensen op straat, maar ze bemoeiden zich allemaal met hun eigen zaken.

Ik draaide de hoek van mijn straat om en zag de kat van mijn buren, Mr. Whiskers, op mijn veranda zitten. Ik zei hem gedag en hij miauwde terug. Ik **deed** mijn deur **van het slot** en ging naar binnen. Ik was zo blij om thuis te zijn. Ik trok mijn schoenen uit en maakte me klaar om naar bed te gaan. Ik ging die avond naar bed met een blij en dankbaar gevoel, mijn hart vol liefde. Ik sliep de hele nacht rustig door, zonder me ergens zorgen over te maken. Ik werd wakker uit een rustgevende slaap en werd **begroet** door de zon die door mijn raam naar binnen scheen. Ik stapte uit bed en rekte me uit, haalde diep adem en voelde hoe de koele lucht mijn longen vulde. Ik liep naar mijn raam en keek naar buiten, hoorde de vogels kwetteren en de **eekhoorns** spelen.

Értelmezési kérdések

1. Mit csinált a főszereplő, amikor a történet elkezdődött?

2. Mire gondolt a főhős, amikor hazafelé tartott?

3. Mit szokott a főhős a barátaival csinálni iskola után?

4. Mi hiányzik a főhősnek azokból az időkből?

5. Mit gondol a főhős a jelenlegi életéről?

6. Mit tesz a főhős, amikor hullócsillagot lát?

7. Mit érez a főhős, amikor hazafelé tart?

8. Mit csinál a főhős, amikor hazaérnek?

9. Mit érez a főszereplő, amikor másnap reggel felébred?

10. Mit csinál a főhős másnap?

Begrip vragen

1. Wat was de hoofdpersoon aan het doen toen het verhaal begon?

2. Waar dacht de hoofdpersoon aan toen hij naar huis liep?

3. Wat deed de hoofdpersoon vroeger met vrienden na school?

4. Wat mist de hoofdpersoon van die tijd?

5. Wat vindt de hoofdpersoon van zijn huidige leven?

6. Wat doet de hoofdpersoon als hij een vallende ster ziet?

7. Hoe voelt de hoofdpersoon zich als ze naar huis lopen?

8. Wat doet de hoofdpersoon als ze thuiskomen?

9. Hoe voelt de hoofdpersoon zich als hij de volgende ochtend wakker wordt?

10. Wat doet de hoofdpersoon de volgende dag?

A kastély

A család mindig is szeretett volna meglátogatni egy régi **németországi** kastélyt, és végül el is utaztak. Nem **csalódtak**. A kastély gyönyörű volt, és élvezték a sok szoba és folyosó felfedezését. Az első dolog, ami megfogta őket, az a szag volt. **Penészt**, nedvességet és valami mást is találtak, amit nem tudtak pontosan meghatározni. A második dolog a hangok voltak. A kőfalak vastagok, de nem tompítják teljesen a hangokat. Hallottak minden lépést, minden normális hangon kimondott szót, és a víz időnkénti csöpögését **valahol a** távolban. Ahogy a szemük alkalmazkodott a halvány fényhez, hatalmas kőfalakat láttak maguk körül, amelyekről **foszlott** foszlányokban lógtak a kárpitok. Egy hatalmas teremben álltak, amelynek magas mennyezetét faragott oszlopok támasztották alá. A tornyokból nyíló kilátás is tetszett nekik, és a gyerekek nagyon jól érezték magukat a terepen futkározva. A **nap már** kezdett lenyugodni, mire befejezték a kastély felfedezését, és sajnálták, hogy nem hoztak magukkal **zseblámpát**. Úgy döntöttek, hogy visszamennek a bejárathoz, de hamarosan eltévedtek. Óráknak tűnő ideig bolyongtak, míg végül egy ajtóra bukkantak, amely kifelé vezetett. Továbbmentek, amíg a folyosó végére nem **értek,** és egy impozáns, kétszárnyú ajtóhoz értek. Bárhogy is próbálkoztak, az ajtók nem mozdultak.

Het kasteel

De familie had altijd al eens een oud kasteel in
Duitsland willen bezoeken, en eindelijk hebben ze
de reis gemaakt. Ze werden niet **teleurgesteld**. Het
kasteel was prachtig, en ze genoten van het verkennen
van de vele kamers en gangen. Het eerste wat hen
trof was de geur. Ze vonden **schimmel**, vochtigheid,
en iets anders waar ze hun vinger niet op konden
leggen. Het tweede was het geluid. Stenen muren
zijn dik, maar ze dempen het geluid niet volledig.
Ze hoorden elke voetstap, elk woord dat met een
normale stem werd gesproken, en af en toe een
druppeltje water **ergens** in de verte. Toen hun ogen
zich aanpasten aan het zwakke licht, zagen zij overal
om hen heen massieve stenen muren opdoemen,
waaraan wandtapijten in flarden hingen. Ze stonden in
een enorme hal met een hoog plafond, ondersteund
door gebeeldhouwde pilaren. Ze hielden ook van het
uitzicht vanaf de torentjes, en de kinderen vermaakten
zich met rondrennen over het terrein. De **zon** begon
al onder te gaan tegen de tijd dat ze klaar waren met
het verkennen van het kasteel, en ze betreurden
het dat ze geen **zaklamp** hadden meegenomen. Ze
besloten om terug te gaan naar de ingang, maar al
snel waren ze verdwaald. Ze dwaalden urenlang rond,
tot ze eindelijk een deur tegenkwamen die naar buiten

Baljósan zörögtek, de egy centit sem mozdultak. Úgy tűnt, hogy bárki is járt itt korábban, biztos itt ment át, és belülről bezárta őket. Végül megtalálják a kijáratot. Megkönnyebbülés öntötte el őket, ahogy kiléptek a hűvös éjszakai levegőre.

A nap már kezdett lenyugodni, és **sajnálták, hogy** nem hoztak magukkal zseblámpát. Úgy döntöttek, hogy visszamennek a bejárathoz, de hamarosan eltévedtek. Óráknak tűnő ideig bolyongtak, míg végül egy ajtóra bukkantak, amely **kifelé** vezetett. Megkönnyebbülés töltötte el őket, amikor kiléptek a hűvös éjszakai levegőre. Másnap este mindenképpen vittek magukkal zseblámpát, amikor felfedezték a kastély többi részét. Végigsétáltak az **udvaron**, és lementek a folyóhoz, amely a várfalak mögött folyt. Ahogy sétáltak, furcsa hangokat kezdtek hallani. Úgy hangzott, mintha valaki követné őket. Felgyorsították a lépteiket, de a zajok egyre hangosabbak és közelebb jöttek. A család visszaszaladt a kastélyba, amilyen gyorsan csak tudott, és megkönnyebbülten látták, hogy a **sötét** köpenyes alak nem követte őket.

leidde. Ze liepen door tot ze **aan het** eind van de gang kwamen bij een imposant stel dubbele deuren. Hoe ze ook probeerden, de deuren wilden niet bewegen. Ze rammelden **onheilspellend**, maar bewogen geen centimeter. Het leek erop dat degene die hier eerder was, hier doorheen was gegaan en ze van binnenuit had afgesloten. Uiteindelijk vinden ze een uitweg. Opluchting overspoelde hen toen ze naar buiten stapten in de koele nachtlucht.

De zon begon onder te gaan en zij **betreurden het** dat zij geen zaklamp hadden meegenomen. Ze besloten terug te gaan naar de ingang, maar al gauw waren ze verdwaald. Ze dwaalden urenlang rond, tot ze eindelijk een deur tegenkwamen die **naar buiten** leidde. Opluchting overviel hen toen ze naar buiten stapten in de koele nachtlucht. De volgende avond namen ze een zaklamp mee om de rest van het kasteel te verkennen. Ze liepen over de **binnenplaats** en naar de rivier die achter de kasteelmuren stroomde. Terwijl ze rondliepen, begonnen ze vreemde geluiden te horen. Het klonk alsof iemand hen volgde. Ze versnelden hun pas, maar de geluiden werden luider en dichterbij. De familie rende zo snel als ze konden terug naar het kasteel, en ze waren opgelucht toen ze zagen dat de figuur in de **donkere** mantel hen niet was gevolgd.

Értelmezési kérdések

1. Mit csinált a család, amikor eltévedtek a kastélyban?

2. Mit érzett a család, amikor kiderült, hogy csak egy helyi férfi volt?

3. Mit tett a férfi, amiért letartóztatták?

4. Milyen ítéletet kapott a férfi?

5. Milyen zajt hallott a család séta közben?

6. Hol volt a sötét köpenyes alak, amikor a család meglátta?

7. Mit csinált a család, amikor visszatértek a szobájukba?

8. Mikor ment a család újra felfedezni a kastélyt?

9. Mi volt az a dolog, amire a család nem tudott rájönni?

10. Mit csinált a család, mielőtt újra felfedezték a kastélyt?

Begrip vragen

1. Wat deed de familie toen ze verdwaald waren in het kasteel?

2. Hoe voelde de familie zich toen ze erachter kwamen dat het gewoon een lokale man was?

3. Wat heeft de man gedaan waardoor hij gearresteerd is?

4. Wat was de straf voor de man?

5. Welk geluid hoorde de familie tijdens de wandeling?

6. Waar was de figuur in de donkere mantel toen de familie hem zag?

7. Wat deed de familie toen ze terugkwamen in hun kamer?

8. Wanneer ging de familie het kasteel weer verkennen?

9. Wat was het ding waar de familie hun vinger niet op konden leggen?

10. Wat deed de familie voordat ze weer op verkenning gingen in het kasteel?

Az én kertem

A kertem a boldogságom helyszíne. Minden nap kimegyek oda, akár esik, akár fúj, és időt töltök a növényeim gondozásával. **Mindenből** van egy kicsit - **zöldség**, gyümölcs, virág, fűszernövény. Még néhány csirkém is van, amelyek segítenek távol tartani a kártevőket. A kertben töltött napjaimat azzal kezdem, hogy tojást gyűjtök a csirkéktől. Aztán ellenőrzöm a zöldségeimet, hogy kapnak-e elég vizet és napot. Gyomlálom az ágyásokat, és leszedem a növényeket **megtámadó** bogarakat. Miután **mindenről gondoskodtam**, hátradőlök, és élvezem a természet békéjét és nyugalmát.

Mindig is szerettem időt tölteni a kertemben. Van valami abban, hogy körülvesz a természet és minden **szépség, amit** kínál. Nagyon békés és megnyugtató helynek tartom. Gyakran töltök időt a kertemben, csak pihenek és élvezem a tájat. Szeretek a kertben dolgozni és termeszteni is. Elég nagy kertem van, és szeretek **sokféle** dolgot termeszteni benne. Virágokat, **zöldségeket** és fűszernövényeket termesztek. Van néhány gyümölcsfám is, amelyek finom almát, körtét és szilvát teremnek. A termesztésen kívül szívesen töltöm az időt azzal is, hogy csak sétálok a kertemben, és **csodálom a** különböző növényeket és állatokat,

Mijn tuin

Mijn tuin is mijn geluksplek. Ik ga er elke dag heen, regen of zonneschijn, en besteed tijd aan het verzorgen van mijn planten. Ik heb een beetje van **alles:** **groenten**, fruit, bloemen, kruiden. Ik heb zelfs een paar kippen die helpen het ongedierte op afstand te houden. Ik begin mijn dagen in de tuin met het rapen van eieren bij de kippen. Dan controleer ik mijn groenten en zorg ervoor dat ze genoeg water en zon krijgen. Ik wied de bedden en verwijder insecten die de planten kunnen **aanvallen**. Als **alles** is gedaan, leun ik achterover en geniet van de rust en stilte van de natuur.

Ik heb altijd graag tijd doorgebracht in mijn tuin. Er is iets met het omringd zijn door de natuur en al het **moois** dat zij te bieden heeft. Ik vind het een heel vredige en kalmerende plek. Ik breng vaak tijd door in mijn tuin, gewoon om te ontspannen en te genieten van het landschap. Ik geniet er ook van om in mijn tuin te werken en dingen te kweken. Ik heb een behoorlijk grote tuin, en ik kweek er graag **verschillende** dingen in. Ik kweek bloemen, **groenten** en kruiden. Ik heb ook een paar fruitbomen die heerlijke appels, peren en pruimen voortbrengen. Naast het kweken van dingen, vind ik het ook leuk om gewoon in mijn tuin rond te lopen en de verschillende planten en dieren te

amelyek otthont adnak neki. Az évek során sok órát töltöttem azzal, hogy a **kertemet olyan** hellyé alakítsam, amely nemcsak szép, hanem funkcionális is. Szeretem nézni a madarakat, ahogyan röpködnek és hallgatni az éneküket. Néha még egy könyvet is előveszek, és olvasok a kertben, miközben körülvesz az általam létrehozott szépség. A **kertészkedés a** szenvedélyem, és nagyon sok örömet okoz nekem. Minden nap a kertemben egy jó nap.

Az egyik dolog, amit szeretek csinálni, az a főzés, ezért egy jól felszerelt fűszerkert nagyon **fontos** számomra. Kakukkfű, bazsalikom, oregánó, rozmaring, zsálya és levendula csak néhány azok közül a fűszernövények közül, amelyeket szívesen termesztek a kertemben, hogy felhasználhassam őket, amikor magamnak vagy **vendégeimnek** főzök. A másik dolog, ami fontos számomra a kertemmel kapcsolatban, hogy biztosítsam, hogy sok szín legyen benne. Ennek érdekében sokféle virágot termesztek, többek között **rózsát**, liliomot, százszorszépet, tulipánt, impatiens-t, körömvirágot stb. Amellett, hogy a virágokkal színt adok a kertnek, a különböző **textúrák** használatával is szeretem érdekessé tenni azt. Például páfrányokat ültetek a magasra törő napraforgók alá, vagy hostákat **a** tüskés díszfüvek **mellé**. Nem számít, mi történik az életben, a kertben végzett munka mindig segít abban, hogy jobban kapcsolódjak a természethez és megbékéljek önmagammal.

bewonderen die er wonen. Ik heb in de loop der jaren vele uren besteed om van mijn **tuin** een plek te maken die niet alleen mooi is, maar ook functioneel. Ik kijk graag naar de vogels die rondfladderen en luister naar hun gezang. Soms haal ik zelfs een boek tevoorschijn en lees in de tuin terwijl ik omringd ben door al het moois dat ik heb gecreëerd. **Tuinieren** is mijn passie en het brengt me zoveel vreugde. Elke dag in mijn tuin is een goede dag.

Een van de dingen die ik graag doe is koken, dus een goed gevulde kruidentuin is erg **belangrijk** voor me. Tijm, basilicum, oregano, rozemarijn, salie en lavendel zijn slechts enkele van de kruiden die ik graag in mijn tuin kweek, zodat ik ze kan gebruiken bij het bereiden van maaltijden voor mezelf of voor **gasten**. Wat ik ook belangrijk vind in mijn tuin is dat er veel kleur in zit. Om dit doel te bereiken, kweek ik een grote verscheidenheid aan bloemen, waaronder **rozen**, lelies, madeliefjes, tulpen, impatiens, goudsbloemen, enz. Naast het toevoegen van kleur met bloemen, vind ik het ook leuk om verschillende **texturen te** gebruiken in de tuin. Zo plant ik bijvoorbeeld varens onder torenhoge zonnebloemen of hosta's **naast** stekelige siergrassen. Wat er verder ook aan de hand is in mijn leven, door in mijn tuin **te** werken voel ik me altijd meer verbonden met de natuur en in vrede met mezelf.

Értelmezési kérdések

1. Hol van a szerző kertje?

2. Hány csirkéje van a szerzőnek?

3. Mit csinál a szerző minden nap a kertben?

4. Miért szereti a szerző a kertet?

5. Milyen gyógynövényeket ültet a szerző a kertben?

6. Miért fontos a szerzőnek, hogy sok szín van a kertjében?

7. Hogyan teszi változatossá a szerző a kertjét?

8. Mit érez a szerző, amikor a kertjében dolgozik?

9. Mitől érzi magát a szerző összekötve, amikor a kertjében van?

10. Miért jó nap minden nap a szerző kertjében?

Begrip vragen

1. Waar is de tuin van de auteur?

2. Hoeveel kippen heeft de schrijver?

3. Wat doet de schrijver elke dag in de tuin?

4. Waarom houdt de auteur van de tuin?

5. Welke kruiden plant de auteur in de tuin?

6. Waarom is het belangrijk voor de auteur dat er veel kleuren in zijn tuin zijn?

7. Hoe brengt de auteur afwisseling in zijn tuin?

8. Hoe voelt de schrijver zich als hij in zijn tuin werkt?

9. Waardoor voelt de auteur zich verbonden als hij in zijn tuin is?

10. Waarom is elke dag in de tuin van de auteur een goede dag?

Vásárolni megyünk

Szeretek **vásárolni a** bevásárlóközpontban. Mindig olyan jó móka sétálni és nézegetni a különböző üzleteket. A bevásárlóközpontban mindenki számára van valami, és mindig nagyszerű hely, ahol ruhákat, cipőket és kiegészítőket lehet vásárolni. **Általában** úgy kezdem a vásárlást, hogy a pláza **főbejáratán** keresztül sétálok. Onnan először a kedvenc üzleteim felé veszem az irányt. Miután végignéztem ezeket az üzleteket, körbesétálok, és megnézem, hogy más helyeken is vannak-e leárazások. Általában néhány órát eltöltök a bevásárlóközpontban, mire végre bevásárolok. Mindig szeretek időt szakítani a vásárlásra, **mert** biztos akarok lenni benne, hogy **pontosan** azt veszem meg, amit szeretnék. Ráadásul így sokkal szórakoztatóbb is!

Mindig olyan **lenyűgözőnek** találom az emberek megfigyelését, amikor a bevásárlóközpontban vagyok. Tényleg sokat elárul egy emberről az, ahogyan vásárol. Vannak, akik nagyon módszeresek és időt szánnak rá, míg mások úgy tűnik, hogy csak felkapnak **mindent,** amit csak tudnak, és a lehető leggyorsabban a pénztárhoz mennek. Vannak olyan vásárlók is, akiket jobban érdekel a mobiltelefonjukon való beszélgetés vagy az SMS-ezés, mint az áruk megtekintése! Nem számít azonban, milyen vásárló

Gaan winkelen

Ik hou ervan om te gaan **winkelen** in het winkelcentrum. Het is altijd zo leuk om rond te lopen en naar alle verschillende winkels te kijken. Er is voor elk wat wils in het winkelcentrum, en het is altijd een geweldige plek om deals te vinden voor kleren, schoenen en accessoires. Ik begin mijn shoppingtrip meestal met een wandeling door de **hoofdingang** van het winkelcentrum. Van daaruit ga ik eerst naar mijn favoriete winkels. Na het bekijken van die winkels, loop ik rond en kijk of er een verkoop gaande is op andere plaatsen. Meestal ben ik wel een paar uur in het winkelcentrum voordat ik eindelijk mijn aankopen doe. Ik neem altijd graag mijn tijd als ik ga winkelen, **want** ik wil zeker weten dat ik **precies** krijg wat ik wil. Plus, het is gewoon leuker op die manier!

Ik vind het altijd zo **fascinerend** om mensen te kijken als ik in het winkelcentrum ben. Je kunt echt veel over een persoon vertellen door de manier waarop ze winkelen. Sommige mensen zijn heel methodisch en nemen hun tijd, terwijl anderen gewoon lijken te grijpen **wat** ze kunnen en zo snel mogelijk naar de kassa gaan. Er zijn ook shoppers die meer geïnteresseerd lijken te zijn in het praten op hun mobieltje of in sms'en dan in het bekijken van de koopwaar! Het maakt echter

vagy, úgy tűnik, mindenki élvezi a kirakatvásárlást - még akkor is, ha valójában nem veszel semmit. Van valami, ami boldoggá tesz, amikor a **kirakatokban** lévő szép dolgokat nézegetem. Néha arról fantáziálok, milyen lenne, ha **mindent** megengedhetnék magamnak, amit látok! Mindent egybevetve, egy napot a bevásárlóközpontban tölteni vásárlással az egyik kedvenc időtöltésem. Remek módja a kikapcsolódásnak és a lazításnak, miközben egy kis testmozgást is kapok (ha eleget sétálok). Ráadásul **mindig** jól esik időnként megkényeztetni magad egy új pólóval vagy cipővel!

Hosszú napom volt a munkahelyemen, és végre volt egy kis időm magamra, ezért úgy döntöttem, hogy elmegyek vásárolni a bevásárlóközpontba. Szükségem volt néhány új ruhára a **következő** szezonra. Amint beléptem, megláttam a sok fényes fényt és a csillogó kirakatokat. Először a kedvenc üzletem felé vettem az irányt, és elkezdtem böngészni a polcokat. Találtam néhány csinos felsőt, és felpróbáltam őket az öltözőben. Miközben a tükörben néztem magam, hallottam, hogy valaki bejön az öltözőm melletti próbafülkébe. Felismertem a hangját, mint az egyik munkatársamat. Köszöntöttük egymást, és beszélgetni kezdtünk a munkáról. Néhány perc múlva mindketten végeztünk, és **külön** utakon folytattuk, de később újra összefutottunk. Folytattuk a beszélgetést, és rájöttünk, hogy több közös van bennünk, mint gondoltuk.

niet uit wat voor soort shopper je bent, iedereen lijkt te genieten van window shopping - zelfs als je niet echt iets koopt. Er is gewoon iets aan het kijken naar al die mooie dingen in de **etalages** dat me gelukkig maakt. Soms fantaseer ik over hoe het zou zijn als ik me **alles** kon veroorloven wat ik zie! Al met al is een dagje winkelen in het winkelcentrum een van mijn favoriete bezigheden. Het is een geweldige manier om te ontspannen en tot rust te komen, terwijl je ook een beetje beweging krijgt (als je maar genoeg rondloopt). Bovendien is het **altijd** leuk om jezelf af en toe te trakteren op een nieuw shirt of een paar schoenen!

Ik had een **lange** dag op het werk en had eindelijk wat tijd voor mezelf, dus besloot ik te gaan winkelen in het winkelcentrum. Ik had wat nieuwe kleren nodig voor het **komende** seizoen. Zodra ik binnenkwam, zag ik al die felle lichten en glimmende etalages. Ik ging eerst naar mijn favoriete winkel en begon door de rekken te snuffelen. Ik vond een paar leuke topjes en paste ze in de kleedkamer. Terwijl ik mezelf in de spiegel bekeek, hoorde ik iemand de kleedkamer naast de mijne binnenkomen. Ik herkende zijn stem als een van mijn collega's. We zeiden hallo en begonnen te kletsen over het werk. Na een paar minuten waren we allebei klaar en gingen we onze **eigen** weg, maar later kwamen we elkaar weer tegen. We praatten verder en beseften dat we meer gemeen hadden dan we dachten.

Értelmezési kérdések

1. Hol szeretsz a legjobban tárolni?

2. Melyik a kedvenc boltja a bevásárlóközpontban?

3. Mennyi ideig szokott a bevásárlóközpontban maradni?

4. Mit gondolsz azokról az emberekről, akik sok időt töltenek a bevásárlóközpontban?

5. Mi a kedvenc dolgod a plázában?

6. Vettél már valamit a bevásárlóközpontban, amikor valójában nem volt rá szükséged?

7. Hogyan reagálsz, ha látsz valamit a bevásárlóközpontban, amit nagyon szeretnél, de túl drága?

8. Láttál már valamit a bevásárlóközpontban, és elgondolkodtál azon, hogy ki venné meg?

9. Mi a véleménye azokról az emberekről, akik a plázában a mobiltelefonjukkal vannak elfoglalva ahelyett, hogy az üzleteket nézegetnék?

Begrip vragen

1. Waar sla je het liefst op?

2. Wat is je favoriete winkel in het winkelcentrum?

3. Hoe lang blijft u meestal in het winkelcentrum?

4. Wat vind je van mensen die veel tijd in het winkelcentrum doorbrengen?

5. Wat is uw favoriete bezigheid in het winkelcentrum?

6. Heb je ooit iets gekocht in het winkelcentrum terwijl je het niet echt nodig had?

7. Hoe reageert u als u in het winkelcentrum iets ziet dat u heel graag zou willen hebben, maar dat te duur is?

8. Heb je ooit iets in het winkelcentrum gezien en je afgevraagd wie het zou kopen?

9. Wat vindt u van mensen die in het winkelcentrum met hun mobieltje bezig zijn in plaats van naar de winkels te kijken?

A piacon

Szombat reggel korán kelek, és alig várom, hogy a **piacra** érjek, mielőtt túl zsúfolt lesz. Felkapok néhány ruhát, és elindulok az ajtó felé, útközben felkapom az újrahasználható táskáimat. Séta közben elkezdem tervezgetni, hogy mit akarok készíteni az előttem álló hétre. Tudom, hogy legalább egyszer zöldségeket akarok **sütni, ezért** jó minőségű zöldségeket kell vennem. Levest vagy pörköltet is szeretnék készíteni, úgyhogy húsra is szükségem lesz. Majd meglátom, hogy mi néz ki jól, amikor odaérek. A piac már csak néhány saroknyira van, és már látom a felállított standokat és az **embereket, akik** ott nyüzsögnek.

Megérkezem a piacra, és egyenesen a zöldséges stand felé veszem az irányt. Gyönyörű a választék, és megtöltöm a táskámat a legkülönfélébb **friss** termékekkel. Egy kicsit elbeszélgetek a gazdával, és ő ajánl nekem néhány receptet. Izgatottan várom, hogy kipróbáljam őket. Vásárlás közben beszélgetek a **gazdákkal**, megismerkedem velük és a termékeikkel. Miután minden szükséges zöldséget beszereztem, továbbmegyek a húsrészlegre. Itt egy kicsit tétovább vagyok, mivel nem vagyok biztos benne, hogy mit akarok venni. Végül a csirke mellett döntök, mert az sokoldalúan felhasználható, és sokféle ételhez

Op de markt

Ik sta op zaterdagochtend vroeg op, popelend om naar de **markt te gaan** voordat het te druk wordt. Ik trek wat kleren aan en ga de deur uit, terwijl ik onderweg mijn herbruikbare tassen pak. Terwijl ik loop, begin ik te plannen wat ik de komende week wil maken. Ik weet dat ik minstens één keer groenten wil **roosteren**, dus ik moet wat groenten van goede kwaliteit kopen. Ik wil ook een soep of stoofpot maken, dus ik moet ook wat vlees kopen. Ik zal moeten kijken wat er goed uitziet als ik daar ben. De markt is maar een paar straten verderop, en ik zie de kraampjes al staan en de **mensen al rondlopen**.

Ik kom aan op de markt en ga meteen naar de groentekraam. Het aanbod is prachtig en ik vul mijn tassen met een verscheidenheid aan **verse** producten. Ik maak een praatje met de boer en hij raadt me een paar recepten aan. Ik ben enthousiast om ze uit te proberen. Ik maak een praatje met de **boeren** terwijl ik aan het winkelen ben en leer hen en hun producten kennen. Als ik alle groenten heb die ik nodig heb, ga ik naar de vleesafdeling. Ik aarzel een beetje, omdat ik niet zeker weet wat ik wil hebben. Uiteindelijk kies ik voor kip, omdat dat veelzijdig is en in allerlei gerechten kan worden gebruikt. Ik koop

felhasználható. Veszek néhány különböző húsdarabot is, ügyelve arra, hogy füvesített marhahúst és szabadon tartott **csirkét** vegyek. A hentes barátságos ember volt, mindig vidám, a hosszú munkaidő ellenére is. Becsomagolta a csirkemellet és a steaket, mielőtt elbeszélgetett velem a hétvégi terveiről. Elköszöntem tőle, és folytattam az utamat. Vettem még néhány tojást és sajtot is a tejtermékrészlegből.

A piacon nyüzsgött az emberektől, akik mindannyian alig várták, hogy **hozzájussanak a** friss termékekhez és húsokhoz, amelyeket kínáltak. A levegőben sűrű fokhagyma- és hagymaszag terjengett, és nevetés és beszélgetés hangja töltötte be a levegőt. Utat törtem magamnak a tömegben, hogy kiválogassam a heti bevásárláshoz szükséges többi árucikket. Megtöltöttem a **kosaram** gyümölcsökkel és zöldségekkel, tésztákkal és kenyérrel, mielőtt a pénztár felé indultam. A sor hosszú volt, de gyorsan haladt. Végül az utolsó **élelmiszereket is** megvettem, és ideje volt hazamenni. A kocsiba bepakoltam, és a hazafelé vezető út hosszú és fárasztó volt. A forgalom nagy volt, a hőség pedig nyomasztó. Végül a kocsi behajtott a kocsibeállóba, és a megkönnyebbülés kézzelfogható volt. A ház hűvös és csendes volt, és menedéket jelentett a piaci **nyüzsgés** után. Mindent elpakoltak, és a házban hamarosan visszatért a megszokott nyugalom és csend. Mindenem megvolt, amire szükségem volt ahhoz, hogy **finom** ételeket készítsek magamnak és a családomnak.

ook een paar verschillende stukken vlees, en zorg ervoor dat ik grasgevoerd rundvlees en **scharrelkip koop**. De slager was een vriendelijke man, altijd vrolijk ondanks de lange uren die hij werkte. Hij pakte mijn kippenborst en biefstuk in voordat hij met me praatte over zijn weekendplannen. Ik nam afscheid van hem en vervolgde mijn weg. Ik heb ook nog wat eieren en kaas meegenomen uit de zuivelafdeling.

Het krioelde van de mensen op de markt, die allemaal stonden te popelen om de verse producten en het vlees dat werd aangeboden in **handen te** krijgen. De lucht hing vol met de geur van knoflook en uien, en het geluid van gelach en gesprekken vulde de lucht. Ik baande me een weg door de menigte en zocht de andere dingen uit die ik nodig had voor mijn wekelijkse boodschappen. Ik vulde mijn **mandje** met fruit en groenten, pasta en brood, voordat ik naar de kassa ging. De rij was lang, maar het ging snel. Eindelijk waren de laatste **boodschappen** gedaan, en was het tijd om naar huis te gaan. De auto werd volgeladen, en de rit naar huis was lang en moeizaam. Het verkeer was druk en de hitte was drukkend. Eindelijk reed de auto de oprit op en de opluchting was voelbaar. Het huis was koel en stil, en het was een oase na de drukte van de markt. Alles werd opgeborgen, en het huis was al snel weer in zijn gebruikelijke rust en stilte. Ik had alles wat ik nodig had om **heerlijke** maaltijden te maken voor mezelf en voor mijn gezin.

Értelmezési kérdések

1. Hová megy a személy?

2. Mit szeretne vásárolni az illető?

3. Hány táskája van az illetőnek?

4. Milyen messze van a piac?

5. Mit csinál most az illető?

6. Mi minden van a piacon?

7. Hányan vannak a piacon?

8. Mennyi időbe telt, amíg az illető mindent megvásárolt?

9. Hogyan ment haza a személy?

10. Mit csinált az illető, amikor hazaért?

Begrip vragen

1. Waar gaat de persoon heen?

2. Wat wil de persoon kopen?

3. Hoeveel tassen heeft de persoon?

4. Hoe ver weg is de markt?

5. Wat doet de persoon op dit moment?

6. Wat is alles op de markt?

7. Hoeveel mensen zijn er op de markt?

8. Hoe lang heeft de persoon erover gedaan om alles te kopen?

9. Hoe is de persoon naar huis gegaan?

10. Wat deed de persoon toen hij of zij thuiskwam?

Egy kávézóban

Hűvös **őszi** reggel volt, és úgy beszéltem meg, hogy találkozom a barátnőmmel, Lilivel a kedvenc kávézónkban egy kávéra. Melegen bebugyoláltam magam a kabátomba és a sálamba, és elindultam. A levelek lehullottak a fákról, és a levegő csípős volt, de a nap sütött, és gyönyörű napnak ígérkezett. Ahogy sétáltam, arra **gondoltam,** milyen jó, hogy van egy olyan barátom, mint Lily. Évek óta barátok voltunk, mióta az **egyetemen** találkoztunk. Összekötött bennünket a kávé iránti szeretetünk és a kávézókban való beszélgetés. Bár most a város különböző részein éltünk, még mindig sikerült hetente egyszer találkoznunk egy kávéra. Megérkeztem a kávézóba, és Lily már ott várt rám. Megöleltük egymást üdvözölve, majd megrendeltük a kávénkat. Találtunk egy asztalt az ablak mellett, és letelepedtünk beszélgetni. A **kávé** finom volt, mint mindig, és olyan jó volt Lilyvel beszélgetni. Beszélgettünk a hetünkről, a munkánkról és a jövőbeli terveinkről. Lilivel mindig olyan könnyű volt beszélgetni, és úgy éreztem, bármit elmondhatok neki. Egy idő után kezdtünk megéhezni, és **úgy döntöttünk**, hogy rendelünk valami kaját.

Megrendeltük az ételt, és helyet foglaltunk az ablaknál. Az ablakon keresztül besütött a nap, amitől minden

In een café

Het was een kille **herfstochtend** en ik had met mijn vriendin Lily afgesproken in ons favoriete café voor een kopje koffie. Ik wikkelde me warm in mijn jas en sjaal en ging op weg. De bladeren vielen van de bomen en de lucht was een beetje fris, maar de zon scheen en het beloofde een mooie dag te worden. Terwijl ik liep, **dacht** ik aan hoe goed het was om een vriendin als Lily te hebben. We waren al jaren vriendinnen, sinds we elkaar op de **universiteit** ontmoetten. We kregen een band door onze voorliefde voor koffie en het kletsen in cafés. Ook al woonden we nu in verschillende delen van de stad, we kwamen nog steeds één keer per week samen om koffie te drinken. Ik kwam aan bij het café, en Lily zat daar al op me te wachten. We omhelsden elkaar en bestelden onze koffie. We vonden een tafeltje bij het raam en gingen zitten kletsen. De **koffie** was heerlijk, zoals altijd, en het was zo leuk om bij te praten met Lily. We spraken over onze week, onze banen, en onze plannen voor de toekomst. Het was altijd zo makkelijk om met Lily te praten, en ik had het gevoel dat ik haar alles kon vertellen. Na een tijdje begonnen we honger te krijgen en **besloten we** wat eten te bestellen.

We **bestelden** ons eten en zochten een plaatsje bij het raam. De zon scheen door het raam naar binnen,

melegnek és boldognak tűnt. Beszélgettünk, miközben ettük az ételt, és élveztük egymás **társaságának** egyszerű örömét. A kávézó forgalmas volt, de nem éreztük zsúfoltnak. A béke és az elégedettség érzése volt a levegőben. Ahogy befejeztük az ételt, még egy darabig ültünk, és élveztük a békés **légkört**. Egy darabig beszélgettünk különböző dolgokról, amelyek az életünkben történtek. Olyan jó volt beszélgetni a barátommal, és csak **lazítani**. A nap besütött az ablakon, és úgy éreztük, **semmi sem** ronthatja el a tökéletes napunkat.

Hirtelen hangos csattanást hallottam. Megfordultam, és láttam, hogy egy férfi átesett a mennyezeten, és előttünk fekszik a földön. Por és törmelék **borította**, és úgy tűnt, hogy eszméletlen. A barátom és én is sokkot kaptunk, ahogy a földön fekvő férfit bámultuk. Nem tudtuk, mit tegyünk, vagy kit hívjunk segítségül. Csak ültünk ott és bámultuk, nem tudtuk, mit tegyünk. Néhány perc múlva magamhoz tértem, és hívtam a 911-et. A központos azt mondta, hogy hamarosan érkezik valaki. Letettem a telefont, és elmondtam a barátomnak, amit a **központos** mondott. Mindketten csak ültünk ott, és vártuk, hogy megérkezzen a segítség. Örökkévalóságnak tűnt, de végül megjelent egy mentőautó. A mentősök berohantak, és elkezdték ellátni a férfit.

waardoor alles warm en gelukkig aanvoelde. We babbelden terwijl we ons eten aten, en genoten van het simpele plezier om in elkaars **gezelschap** te zijn. Het was druk in het café, maar het voelde niet druk aan. Er hing een gevoel van vrede en tevredenheid in de lucht. Toen we ons eten op hadden, bleven we nog een tijdje zitten, genietend van de vredige **sfeer**. We praatten een tijdje over verschillende dingen die in ons leven waren gebeurd. Het was zo fijn om bij te praten met mijn vriend en gewoon **te ontspannen**. De zon scheen door het raam, en het voelde alsof **niets** onze perfecte dag kon verpesten.

Plotseling hoorde ik een harde klap. Ik draaide me om en zag dat een man door het plafond was gevallen en voor ons op de grond lag. Hij was **bedekt** met stof en puin en leek bewusteloos te zijn. Mijn vriend en ik waren allebei in shock toen we naar de man staarden die op de grond lag. We wisten niet wat we moesten doen of wie we moesten bellen voor hulp. We zaten daar gewoon naar hem te staren, niet wetend wat te doen. Na een paar minuten kwam ik bij en belde 911. De telefoniste zei me dat er zo iemand zou komen. Ik hing de telefoon op en vertelde mijn vriend wat de **telefoniste** had gezegd. We zaten daar allebei te wachten tot er hulp kwam. Het leek wel een eeuwigheid, maar uiteindelijk **kwam** er een ambulance. De ambulancebroeders snelden naar binnen en begonnen met de man te werken.

Értelmezési kérdések

1. Honnan jön a tetőn áteső ember?

2. Miért van a nő a barátnőjével a kávézóban?

3. Mi a két barát kedvenc kávézója?

4. Mióta ismeri egymást a két barát?

5. Mi a két barát kedvenc itala?

6. Melyik városban él a két barát?

7. Milyen gyakran találkozik a két barát?

8. Miről beszélget a két barát, amikor először találkoznak a kedvenc kávézójukban?

9. Mi a két barát kedvenc étele?

10. Miért olyan könnyű beszélni Lilivel?

Begrip vragen

1. Waar komt de man vandaan die door het dak valt?

2. Waarom is de vrouw met haar vriendin in het café?

3. Wat is het favoriete café van de twee vrienden?

4. Hoe lang kennen de twee vrienden elkaar al?

5. Wat is het favoriete drankje van de twee vrienden?

6. In welke stad wonen de twee vrienden?

7. Hoe vaak ontmoeten de twee vrienden elkaar?

8. Waar hebben de twee vrienden het over als ze elkaar voor het eerst ontmoeten in hun favoriete café?

9. Wat is het lievelingseten van de twee vrienden?

10. Waarom is het zo makkelijk om met Lily te praten?

Úszás

A medence mindig **üdítő volt, és ez** ma sem volt másképp. A nap sütött, a víz pedig hívogatónak tűnt. Vettem egy mély lélegzetet, és belevetettem magam, éreztem a víz hűs ölelését. Egy darabig úsztam a köröket, élveztem a testmozgást és a lehetőséget, hogy kiszellőztethetem a fejem. Egy idő után kiszálltam és megszárítkoztam, majd leültem egy törölközőre, hogy pihenjek a napon. Behunytam a szemem, és hagytam, hogy a **meleg** átjárjon, éreztem, hogy az izmaim kezdenek ellazulni. Hirtelen csobbanást hallottam, és kinyitottam a szemem, hogy lássam a kishúgomat, **amint a** sekély vízben **evickél.** Mosolyogva néztem őt egy darabig, majd felálltam és odamentem hozzá. Egy darabig beszélgettünk, és együtt eveztünk, élvezve egymás társaságát. Hamarosan csatlakoztak hozzánk a szüleink, és a délután hátralévő részét együtt töltöttük úszással és játékkal. Mindig olyan jó volt a családdal együtt tölteni az időt a medencében. Van **valami** a vízben, ami összehozza az embereket. Talán azért, mert a vízben mindannyian egyenlőek vagyunk - nem tudjuk elrejteni a hibáinkat, vagy úgy tenni, mintha nem lennénk azok, akik vagyunk. Vagy talán csak azért, mert jó móka! **Bármi legyen is** az ok, én csak örültem, hogy mindannyian összejöhettünk és élvezhettük egymás társaságát egy ilyen különleges helyen.

Gaan zwemmen

Het zwembad was altijd een **verfrissende** plek om te zijn, en vandaag was dat niet anders. De zon scheen en het water zag er uitnodigend uit. Ik haalde diep adem en dook erin, de koele omhelzing van het water voelend. Ik zwom een tijdje baantjes, genoot van de beweging en de kans om mijn hoofd leeg te maken. Na een tijdje kwam ik eruit en droogde me af, waarna ik op een handdoek ging zitten om te relaxen in de zon. Ik sloot mijn ogen en liet de **warmte** over me heen spoelen, ik voelde mijn spieren ontspannen. Plotseling hoorde ik een plons en ik opende mijn ogen om mijn kleine zusje te zien **poedelen** in het ondiepe gedeelte. Ik glimlachte en keek een tijdje naar haar, stond toen op en liep naar haar toe. We kletsten wat en peddelden samen wat rond, genietend van elkaars gezelschap. Al snel kwamen onze ouders erbij, en we brachten de rest van de middag zwemmend en spelend door. Het was altijd zo leuk om tijd met de familie in het zwembad door te brengen. Er is **iets** met in het water zijn dat mensen samenbrengt. Misschien is het omdat we allemaal gelijk zijn als we in het water zijn - we kunnen onze gebreken niet verbergen of doen alsof we iets zijn wat we niet zijn. Of misschien is het gewoon omdat het leuk is! **Wat** de reden ook is, ik was gewoon blij dat we allemaal bij elkaar konden komen en van elkaars gezelschap

A nap a bőrömre sütött, és a levegőben klórszag terjengett. Hallottam a gyerekek nevetését és csobbanását a medencében. A medence melletti nyugágyon feküdtem, magamba szívtam a napot és **élveztem** a napot. Behunytam a szemem, és már éppen elaludtam volna, amikor meghallottam, hogy valaki odajön hozzám. Kinyitottam a szemem, és láttam, hogy egy nő áll mellettem. Bikini volt rajta, és egy törölközőt tekert a dereka köré. Hosszú szőke haja és kék szeme volt. Egy üveg **naptejet** tartott a kezében. "Nem bánod, ha bekenem a hátadat naptejjel?" - kérdezte. "Nem, nem gond" - mondtam, és felültem, hogy elérje a hátamat. Éreztem a kezét a bőrömön, ahogy felkeni a naptejet.

Az érintése gyengéd volt, és a naptej illata megnyugtató. Újra lehunytam a szemem, és hagytam, hogy ellazuljak. Hallottam, **ahogy** mozog, de nem nyitottam ki a szemem. Elégedetten feküdtem a napon, és hallgattam a partnak **csapódó** hullámok hangját. Néhány perc múlva elsétált, és én kinyitottam a szemem. Figyeltem, ahogy visszasétál a nyugágyához, és felveszi a könyvét. Letelepedett a székébe, és olvasni kezdett. Újra lehunytam a szemem, és hagytam, hogy álomba merüljek.

konden genieten op zo'n speciale plek.

De zon scheen op mijn huid en de geur van chloor hing in de lucht. Ik kon de geluiden horen van lachende kinderen die in het zwembad spetterden. Ik lag op een ligstoel naast het zwembad, te genieten van de zon en **de** dag. Ik had mijn ogen gesloten en wilde net in slaap vallen toen ik iemand naar me toe hoorde lopen. Ik opende mijn ogen en zag een vrouw naast me staan. Ze droeg een bikini en had een handdoek om haar middel gewikkeld. Ze had lang blond haar en blauwe ogen. Ze hield een fles **zonnebrandcrème** in haar hand. "Vind je het erg als ik wat zonnebrandcrème op je rug smeer?" vroeg ze. "Nee, dat hoeft niet," zei ik, terwijl ik rechtop ging zitten zodat ze bij mijn rug kon. Ik voelde haar handen op mijn huid terwijl ze de zonnebrandcrème aanbracht.

Haar aanraking was zacht en de geur van de zonnebrandcrème was kalmerend. Ik sloot mijn ogen weer en liet me ontspannen. Ik kon het **geluid** van haar bewegingen horen, maar ik opende mijn ogen niet. Ik was tevreden met het feit dat ik daar in de zon lag, luisterend naar het geluid van de golven **die** tegen de kust sloegen. Na een paar minuten liep ze weg, en ik opende mijn ogen. Ik keek naar haar terwijl ze terugliep naar haar ligstoel en haar boek oppakte. Ze nestelde zich in haar stoel en begon te lezen. Ik sloot mijn ogen weer en liet me wegdrijven in slaap.

Értelmezési kérdések

1. Hol volt az elbeszélő, amikor elkezdi a történetet?

2. Mit érez az elbeszélő, amikor kinyitja a szemét?

3. Mit hall az elbeszélő, amikor kinyitja a szemét?

4. Kinek ad a nő naptejet az elbeszélőnek?

5. Miről álmodik az elbeszélő?

6. Miért olyan különleges az elbeszélő számára a tengerben való úszás?

7.Milyen érzés a víz, amelyben az elbeszélő úszik?

8. Mit lát az elbeszélő, amikor kijön a vízből?

9. Mit csinál a nő, miután bekente a naptejjel az elbeszélőt?

10. Miről beszélget az elbeszélő és a nő a történet végén?

Begrip vragen

1. Waar was de verteller toen hij het verhaal begon?

2. Wat ruikt de verteller als hij zijn ogen opent?

3. Wat hoort de verteller als hij zijn ogen opent?

4. Van wie is de zonnebrandcrème die de vrouw aan de verteller geeft?

5. Waar droomt de verteller over?

6. Waarom is zwemmen in de zee zo speciaal voor de verteller?

7. Hoe voelt het water aan waarin de verteller zwemt?

8. Wat ziet de verteller als hij uit het water komt?

9. Wat doet de vrouw nadat ze de verteller heeft ingesmeerd met zonnebrandcrème?

10. Waarover praten de verteller en de vrouw aan het eind van het verhaal?

A fűnyírás

Délelőtt 10 óra van egy nyári **szombaton,** és a nap már kegyetlenül süt. Kibattyogsz a garázsba a fűnyíróért, és úgy érzed, mintha kényszermunkára **ítéltek volna.** Elkezded nyírni a füvet, ügyelve arra, hogy szép lassan menj, nehogy kihagyj egy foltot is. Miközben nyírsz, arra gondolsz, milyen jó érzés kint lenni a friss levegőn. Ahogy elkezded ide-oda tologatni a fűnyírót a gyepen, a **szemed** sarkából meglátod a szomszédodat. Integetsz és köszönsz neki, ő pedig visszainteget.

Néhány perc múlva végeztél, és átmész a szomszédodhoz, hogy megigyál vele egy sört az előkertben. **Tökéletes** nap van - nem túl meleg, enyhe szellő fúj. Ott ülsz a fa árnyékában, kortyolgatod a sörödet, és beszélgetsz a szomszédoddal. Az ilyen napok miatt értékeli az ember a nyarat. Aztán bemegy a házba egy jól megérdemelt sörre. Lehuppansz egy székre a verandán, és elégedetten sóhajtva felbontod a doboz sört. A fűnyíró hangja háttérbe szorul, miközben az árnyékban pihensz, és élvezed a pillanat **békéjét.** A sör íze különösen jó a hőségben végzett kemény munka után. Éppen be akartam menni, amikor zajt hallottam a szomszédból.

Het maaien van het gazon

Het is 10 uur 's ochtends op een zomerse **zaterdag**, en de zon schijnt al ongenadig. Je sjokt naar de garage om de grasmaaier te halen, met het gevoel dat je **veroordeeld bent** tot dwangarbeid. Je begint het gazon te maaien, en zorgt ervoor dat je het rustig aan doet, zodat je niets over het hoofd ziet. Terwijl je aan het maaien bent, denk je aan hoe goed het voelt om buiten in de frisse lucht te zijn. Terwijl u de maaier heen en weer over het gazon duwt, ziet u uw buurman vanuit uw **ooghoek**. Je zwaait en zegt hallo, en hij zwaait terug.

Na een paar minuten ben je klaar, en je gaat naar het huis van je buurman om met hem een biertje te drinken in de voortuin. Het is een **perfecte** dag - niet te warm, met een zacht briesje. Je zit daar in de schaduw van de boom, nipt van je biertje en kletst wat met je buurman. Het zijn dagen als deze die je de zomer doen waarderen. Dan **ga** je naar binnen voor een welverdiend biertje. Je ploft neer in een stoel op de veranda, trekt het blikje open en slaakt een tevreden zucht. Het geluid van de maaier verdwijnt naar de achtergrond terwijl je in de schaduw ontspant en geniet van de **rust** van het moment. Het bier smaakt extra goed na al dat harde werk in de hitte. Ik stond op het

Úgy hangzott, mintha valaki sírna. Abbahagytam a kaszálást, és odamentem a kerítéshez, amely elválasztotta az udvarainkat. Átnéztem, és láttam, hogy a szomszédom, Mrs. Johnson sír a verandahintán. Kiáltottam neki, de nem hallotta. Átmásztam a kerítésen, és odamentem hozzá. "Mrs. Johnson, jól van?" Kérdeztem. Könnyes szemmel nézett rám, és megrázta a fejét. "Nem, nem vagyok jól" - mondta. "A macskám tegnap meghalt." Megdöbbentem. Nem tudtam, mit mondjak. Csak álltam ott kínosan, nem tudtam, mit tegyek. Végül a **vállára** tettem a kezem, és azt mondtam: "Nagyon sajnálom, Mrs. Johnson. Ha bármiben segíthetek, kérem, szóljon. " Megrázta a fejét, és azt mondta: "Nem, senki **sem** tehet **semmit**". Aztán felállt és bement a házába. Egy pillanatig csak álltam ott, nem tudtam, mit tegyek. Aztán visszamentem füvet nyírni. Ahogy befejeztem, nem tudtam nem gondolni Mrs. Johnsonra és a macskájára.

punt om naar binnen te gaan toen ik een geluid hoorde bij de buren.

Het **klonk** alsof iemand huilde. Ik stopte met maaien en liep naar het hek dat onze tuinen scheidde. Ik keek om en zag mijn buurvrouw, mevrouw Johnson, huilen op haar schommelbank. Ik riep naar haar, maar ze hoorde me niet. Ik klom over het hek en liep naar haar toe. "Mevrouw Johnson, is alles goed met u?" vroeg ik. Ze keek met tranen in haar ogen naar me op en schudde haar hoofd. "Nee, het gaat niet goed met me," zei ze. "Mijn kat is gisteren gestorven." Ik was geschokt. Ik wist niet wat ik moest zeggen. Ik stond daar maar wat ongemakkelijk, niet wetend wat ik moest doen. Uiteindelijk legde ik mijn hand op haar **schouder** en zei: "Het spijt me zo, mevrouw Johnson. Als er iets is wat ik kan doen om te helpen, laat het me alsjeblieft weten. "Ze schudde haar hoofd en zei: Nee, er is **niets** dat iemand kan doen. Toen stond ze op en ging haar huis binnen. Ik stond daar een ogenblik, niet wetend wat te doen. Toen ging ik verder met het maaien van mijn gazon. Toen ik klaar was, moest ik denken aan mevrouw Johnson en haar kat.

Értelmezési kérdések

1. Mennyi az idő?

2. Hol kaszál az illető?

3. Hogyan érzi magát a személy?

4. Miért kell lassan nyírni?

5. Milyen időjárás van?

6. Mit csinál a személy a fűnyírás után?

7. Mit hall az illető, mielőtt hazamegy?

8. Ki van Mrs. Johnsonnal?

9. Miért sír Mrs. Johnson?

10. Mit mond az illető Johnson asszonynak?

Begrip vragen

1. Hoe laat is het?

2. Waar is de persoon aan het maaien?

3. Hoe voelt de persoon zich?

4. Waarom moet de persoon langzaam maaien?

5. Wat voor weer is het?

6. Wat doet de persoon na het maaien?

7. Wat hoort de persoon voordat hij naar huis gaat?

8. Wie is er bij Mrs Johnson?

9. Waarom huilt Mrs Johnson?

10. Wat zegt de persoon tegen Mrs. Johnson?

Hajvágás

Már hetek óta el akartam menni fodrászhoz, de valahogy mindig sikerült elhalasztanom. De **karácsony közeledtével** tudtam, hogy nem halogathatom tovább. Nem akartam, hogy a családom karácsonyi vacsoráján úgy jelenjek meg, mint egy kócos rendetlenség. Így karácsony reggelén korán reggel elindultam a szalonba. Bár korán volt, a szalon már tele volt másokkal, **akik az** ünnepre készülő hajukat csináltatták. Elfoglaltam a helyem a sorban, és vártam a soromra. Végül én kerültem sorra a székben. A fodrász, egy Jill nevű barátságos nő megkérdezte, mit szeretnék. "Csak egy vágást, semmi drasztikusat" - válaszoltam. Jill nekilátott a munkának, és vágta a hajamat. Miközben dolgozott, elkezdtem ellazulni. Jó érzés volt végre gondoskodni magamról. Mostanában annyira elfoglalt voltam, annyira rohangáltam, hogy mindenki másról gondoskodtam, hogy a saját igényeim háttérbe szorultak. De **most már** nem. Mostantól kezdve időt szántam magamra.

Amikor Jill végzett, belenéztem a tükörbe, és elégedett voltam azzal, amit láttam. A hajam rendezettnek és fényesnek tűnt - tökéletes volt az ünnepi összejövetelekre. **Megköszöntem** Jillnek, és feljegyeztem, hogy gyakrabban jövök vissza. Mostantól elsősorban magammal fogok törődni. Munkához

Naar de kapper

Ik wilde al weken naar de kapper, maar op de een of andere manier kon ik het steeds uitstellen. Maar met **Kerstmis voor de deur**, wist ik dat ik het niet langer kon uitstellen. Ik wilde niet op het kerstdiner van mijn familie verschijnen als een smerige puinhoop. Dus, vroeg op kerstochtend, ging ik naar de salon. Hoewel het nog vroeg was, was de salon al druk bezig met andere mensen **die** hun haar lieten doen voor de feestdagen. Ik nam plaats in de rij en wachtte op mijn beurt. Eindelijk was het mijn beurt in de stoel. De styliste, een vriendelijke vrouw die Jill heette, vroeg me wat ik wilde. "Gewoon een knipbeurt, niets te drastisch," antwoordde ik. Jill ging aan de slag en knipte mijn haar weg. Terwijl ze werkte, begon ik te ontspannen. Het voelde goed om eindelijk voor mezelf te zorgen. Ik had het de laatste tijd zo druk gehad met voor iedereen te zorgen, dat ik mijn eigen behoeften aan de kant had laten liggen. Maar **nu** niet **meer**. Van nu af aan, zou ik tijd voor mezelf maken.

Toen Jill klaar was, keek ik in de spiegel en was blij met wat ik zag. Mijn haar zag er netjes en gepolijst uit-perfect voor vakantie bijeenkomsten. Ik **bedankte** Jill en maakte een notitie om vaker terug te komen. Van nu af aan zal ik in de eerste plaats voor mezelf

látott, és a hajamat vágta. Arra gondoltam, mennyire hálás vagyok, hogy végre eljutottam a hajvágáshoz. Jó érzés volt tudni, hogy a karácsonyi **vacsorára** szalonképes leszek. Többé nem kellett aggódnom amiatt, hogy a családom ugrat a "kócos" külsőm miatt. Néhány perc múlva a fodrász befejezte a hajvágást, és gyorsan megszárította a hajam. Belenéztem a tükörbe, és elégedett voltam azzal, amit láttam - egy tiszta, ápolt frizura, amely tökéletes lesz a karácsonyi vacsorához. Most, hogy a hajvágáson túl voltam, arra koncentrálhattam, hogy élvezzem az ünnepet a családommal. És ezért még hálásabb voltam.

Olyan **felszabadító** érzés volt, és imádtam, ahogy az új frizurám kinézett. Miután kifizettem a hajvágást, hazamentem, és elkezdtem csomagolni az utazásomra. **Alig** vártam, hogy megmutathassam az új külsőmet a családomnak és a barátaimnak. Tudtam, hogy meg fognak lepődni, amikor meglátnak. A repülés napján bőséges idővel érkeztem meg a repülőtérre. Minden gond nélkül átmentem a biztonsági ellenőrzésen, és hamarosan már úton is voltam. Amint megérkeztem a célállomásomra, éreztem a levegőben az izgalmat. A karácsony határozottan a levegőben volt! A családom ott fogadott a repülőtéren, és mindannyian csodálkoztak az új frizurámon. A következő néhány napot azzal töltöttük, **hogy beszélgettünk** és élveztük egymás **társaságát**.

zorgen. Ze begon aan mijn haar te knippen. Ik dacht eraan hoe dankbaar ik was dat ik er eindelijk aan toe was gekomen om mijn haar te laten knippen. Het voelde goed om te weten dat ik er toonbaar uit zou zien voor **het kerstdiner**. Ik hoefde me geen zorgen meer te maken dat mijn familie me zou plagen over mijn "smerige" uiterlijk. Na een paar minuten was de styliste klaar met het knippen van mijn haar en föhnde ze me snel. Ik keek in de spiegel en was blij met wat ik zag: een strak geknipt kapsel dat perfect zou zijn voor het kerstdiner. Nu mijn kapsel achter de rug was, kon ik me concentreren op de feestdagen met mijn gezin. En daar was ik nog dankbaarder voor.

Het voelde zo **bevrijdend**, en ik hiel van de manier waarop mijn nieuwe kapsel eruit zag. Nadat ik voor mijn kapsel had betaald, ging ik naar huis en begon ik in te pakken voor mijn reis. Ik **kon niet** wachten om mijn nieuwe look aan mijn familie en vrienden te tonen. Ik wist dat ze verrast zouden zijn als ze me zouden zien. Op de dag van mijn vlucht kwam ik ruim op tijd aan op de luchthaven. Ik ging zonder problemen door de beveiliging en al snel was ik op weg. Zodra ik op mijn bestemming aankwam, kon ik de opwinding in de lucht voelen. Kerstmis hing zeker in de lucht! Mijn familie was er om me op de luchthaven te begroeten, en ze waren allemaal verbaasd over mijn nieuwe kapsel. We brachten de volgende dagen door **met bijpraten** en genieten van elkaars **gezelschap**.

Értelmezési kérdések

1. Mit kellett a főhősnek karácsony előtt megtennie?

2. Hogyan érezte magát a főhősnő a saját magáról való gondoskodással kapcsolatban?

3. Ki nyírta meg a főszereplő haját?

4. Miért akarta a főhősnő családja piszkálni őt?

5. Hogyan érezte magát a főhősnő, miután levágták a haját?

6. Mit csinált a főhősnő, miután levágatta a haját?

7. Hogyan reagált a főhősnő családja a hajvágásra?

8. Mit csinált a főhős karácsony este?

9. Mitől lett különlegesebb a főszereplő élménye?

10. Mi történne, ha a főhős nem vágatná le a haját?

Begrip vragen

1. Wat moest de hoofdpersoon doen voor Kerstmis?

2. Hoe vond de hoofdpersoon het om voor zichzelf te zorgen?

3. Wie heeft het haar van de hoofdpersoon geknipt?

4. Waarom ging de familie van de hoofdpersoon haar plagen?

5. Hoe voelde de hoofdpersoon zich nadat ze naar de kapper was geweest?

6. Wat heeft de hoofdpersoon gedaan nadat ze naar de kapper is geweest?

7. Wat was de reactie van de familie van de hoofdpersoon op haar kapsel?

8. Wat deed de hoofdpersoon op kerstavond?

9. Wat maakte de ervaring van de hoofdpersoon specialer?

10. Wat zou er gebeuren als de hoofdpersoon niet naar de kapper zou gaan?

A park

A nap már lement, és a park üres volt. Leültem a padra, és vártam a **barátomat**. Már egy órája úgy volt, hogy itt találkozunk, de ő mindig késett. Amikor már éppen feladtam volna, és hazamentem volna, láttam, hogy felém szalad. "Annyira sajnálom - lihegte, amikor a padhoz ért. "A vonatom **késett**." "Semmi baj - mondtam **megbocsátóan**. "Én is csak most értem ide." Leültünk, és egy darabig beszélgettünk, és elbeszélgettünk egymás életéről azóta, hogy utoljára találkoztunk. A beszélgetés **könnyen** folyt, és úgy éreztük, mintha nem is telt volna el idő azóta, hogy utoljára láttuk egymást. Ahogy a nap lement, elbúcsúztunk egymástól, és külön utakon folytattuk utunkat. Legközelebb egy másik parkban találkoztunk. Ismét késett, de nem bántam. Jó volt valakivel beszélgetni, aki **megértett** engem. Beszélgettünk az álmainkról és a **törekvéseinkről**, arról, hogy mit szeretnénk kezdeni az életünkkel. Elmesélte, hogy tervezi, hogy beutazza a világot, én pedig megosztottam az álmomat, hogy író leszek. Ahogy a nap lement egy újabb napon, még egyszer elbúcsúztunk, és megígértük, hogy ezúttal is tartjuk a kapcsolatot.

Teltek az évek, és a **barátságunk** erős maradt, annak

Het park

De zon ging onder, en het park was leeg. Ik zat op het bankje te wachten op mijn **vriendin**. We hadden hier al een uur geleden afgesproken, maar ze was altijd te laat. Net toen ik het wilde opgeven en naar huis wilde gaan, zag ik haar naar me toe rennen. "Het spijt me zo," hijgde ze toen ze de bank bereikte. "Mijn trein **had vertraging**." "Het is goed," zei ik **vergevingsgezind**. "Ik ben hier net zelf." We gingen zitten en praatten een poosje, praatten bij over elkaars leven sinds we elkaar voor het laatst zagen. Het gesprek verliep **vlot**, en het leek alsof er helemaal geen tijd was verstreken sinds we elkaar voor het laatst hadden gezien. Toen de zon onderging, namen we afscheid en gingen onze eigen weg. De volgende keer dat we elkaar zagen, was in een ander park. Weer was ze te laat, maar dat vond ik niet erg. Het was fijn om iemand te hebben om mee te praten die me **begreep**. We spraken over onze dromen en **aspiraties**, dingen die we wilden doen met ons leven. Zij vertelde me over haar plannen om de wereld rond te reizen, en ik deelde mijn droom om schrijfster te worden. Toen de zon weer onderging, namen we afscheid van elkaar en beloofden we elkaar dit keer te blijven zien.

Jaren gingen voorbij, en onze **vriendschap** bleef sterk,

ellenére, hogy az ország különböző részein éltünk. Levelek és alkalmi telefonhívások révén tartottuk a kapcsolatot, megosztva egymással életünk híreit. Amikor bejelentette, hogy férjhez megy, nem **lepődtem meg** - mindig is **kalandvágyó** típus volt. De amikor megkért, hogy legyek a tanúja az esküvői szertartásán, amely a világ másik felén zajlik, a lakóhelyemtől a világ másik felén... ehhez már kellett némi meggyőzés! Végül azonban nem hagyhattam, hogy a legjobb barátnőm úgy menjen férjhez, hogy én ne legyek mellette, így félelmeim ellenére (és a sok könyörgés után!) **beleegyeztem**, hogy elkísérjem, ami életem **kalandjának bizonyult.**

Végre elérkezett az **esküvő** napja. Ideges voltam, de izgatott, hogy részese lehetek barátom életének egy ilyen fontos pillanatának. A szertartás gyönyörű volt, és ő boldognak tűnt, amikor elmondta a fogadalmát. **Utána** egy nagy bulival ünnepeltünk - úgy tűnt, hogy mindenki, akit ismert, eljött, hogy vele ünnepeljen! **Varázslatos** nap volt, amit soha nem fogok elfelejteni, és a barátságunk csak még erősebb lett ezután a kaland után. Most, évekkel később, még mindig tartjuk a kapcsolatot. Mindketten sokat **változtunk az** első találkozásunk óta, de a barátságunk ugyanolyan erős, mint valaha.

ook al woonden we nu in verschillende delen van het land. We hielden contact door middel van brieven en af en toe telefoontjes, waarbij we nieuws over ons leven met elkaar deelden. Toen ze aankondigde dat ze ging trouwen, was ik niet **verbaasd** - ze was altijd al een **avontuurlijk** type geweest. Maar toen ze me vroeg of ik haar bruidsmeisje wilde zijn op haar huwelijksceremonie, dat halverwege de wereld zou plaatsvinden, van waar ik woonde... daar was wel wat overtuigingskracht voor nodig! Maar uiteindelijk kon ik mijn beste vriendin niet laten trouwen zonder mij aan haar zijde, dus ondanks mijn angsten (en na veel smeken van haar!) **stemde** ik ermee in om mee te gaan op wat het **avontuur** van mijn leven bleek te zijn.

De dag van de **bruiloft was** eindelijk aangebroken. Ik was nerveus, maar opgewonden om deel uit te maken van zo'n belangrijk moment in het leven van mijn vriendin. De ceremonie was prachtig, en ze zag er gelukkig uit toen ze haar geloften aflegde. **Daarna** vierden we het met een groot feest - het leek wel of iedereen die ze kende was gekomen om het met haar te vieren! Het was een **magische** dag die ik nooit zal vergeten, en onze vriendschap is na dat avontuur alleen maar sterker geworden. Nu, jaren later, houden we nog steeds contact. We zijn allebei veel **veranderd** sinds we elkaar voor het eerst ontmoetten, maar onze vriendschap is nog even sterk als altijd.

Értelmezési kérdések

1. Hol találkozott először a szerző és barátja?

2. Miért késett a szerző barátja a találkozóról?

3. Miről beszélgettek a barátok, amikor évekkel később újra találkoztak?

4. Hogyan érezte magát a szerző, amikor részt vett barátja esküvői szertartásán?

5. Írja le az esküvői szertartás helyszínét.

6. Hogyan változott a két nő barátsága az idők folyamán?

7. Mi a szerző álma?

8. Hová tervez utazni a szerző barátja?

9. Miért vonakodott a szerző, hogy részt vegyen barátja esküvői szertartásán?

Begrip vragen

1. Waar hebben de auteur en haar vriendin elkaar voor het eerst ontmoet?

2. Waarom was de vriend van de auteur te laat op hun afspraak?

3. Waar hadden de vrienden het over toen ze elkaar jaren later weer ontmoetten?

4. Hoe vond de schrijfster het om de huwelijksceremonie van haar vriendin bij te wonen?

5. Beschrijf de omgeving van de huwelijksceremonie.

6. Hoe is de vriendschap tussen de twee vrouwen in de loop der tijd veranderd?

7. Wat is de droom van de auteur?

8. Waar is de vriend van de schrijver van plan heen te reizen?

9. Waarom aarzelde de schrijfster om de huwelijksceremonie van haar vriendin bij te wonen?